Renata Green

Perlen

Designerschmuck zum Selbermachen

Renata Green

Perlen

Designerschmuck
zum Selbermachen

Mosaik

Inhaltsverzeichnis

BEVOR ES RICHTIG LOSGEHT

HÜBSCH AUFGEREIHT

KUNSTVOLL GEFÄDELT

GEWEBTES GESCHMEIDE

BESTECHEND SCHÖN

ANHANG

Bevor es richtig losgeht

Als ich vor ein paar Jahren begann meine ersten kleinen Schmuckstücke aus einigen wenigen Sorten handelsüblicher Glasperlen zu fertigen, hätte ich im Traum nicht daran gedacht, dass mich die glitzernden Glassteinchen so sehr in ihren Bann ziehen und bald süchtig nach mehr machen würden. Ohne es zu ahnen, hatte ich traditionsreiche Gefilde betreten, und heute kann ich mir nicht mehr vorstellen, diese je wieder zu verlassen.

7

Kleine Kostbarkeiten
Ein Streifzug durch die Geschichte

Der Versuch, die Geschichte des Perlenschmucks zu beschreiben, gleicht einem Streifzug durch einen Teil der Kulturgeschichte der Menschheit. Seit Millionen von Jahren scheint beides unzertrennlich miteinander verbunden. Perlenfunde aus allen Epochen sind Zeugen der menschlichen Entwicklungsgeschichte. Sie wurden in fast allen Kulturen hergestellt und benutzt, wie Ausgrabungen belegen.

Bereits die Neandertaler schmückten Gräber mit Mustern aus Bärenschädeln. Die ersten Perlen-Schmuckstücke bestanden vermutlich aus Beeren und Samen. Sein Nachfolger, der Homo sapiens, entwickelte diese Kunst der Verschönerung weiter. Nach der Entstehung von Jagdgemeinschaften und den daraus resultierenden sozialen und familiären Allianzen gewannen Schmuckstücke immer weiter an Bedeutung. So zeugte das Tragen des Teils eines Tieres von Tapferkeit bei der Jagd und Macht über den Tiergeist. Mitunter entstanden so ganze Ketten – wenn ein einzelner Tierzahn schützen kann, müssten mehrere Zähne doch noch viel mehr Kraft besitzen …

Der Glaube, dass bestimmte Steine sowie die daraus gefertigten Perlen und Schmuckstücke heilende und vitalisierende Kräfte besitzen, ist keine Erfindung der Neuzeit. Bereits den Vorgängern unserer „Perlen" wurden heilende Kräfte zugeschrieben, sie galten als Symbole des Glücks und der Fruchtbarkeit. Besonders hervorgehoben sei hier die in einigen Teilen der Welt noch immer getragene „Augenperle", die ihren Besitzer vor dem bösen Blick schützen soll. Auch als Grabbeigaben besaßen Perlen große Macht; sie halfen den Eintritt ins Jenseits zu erleichtern.

Die Entstehung des Perlenschmucks hing von den zur Verfügung stehenden Materialien und Geräten ab. Während erste Schmuckstücke aus pflanzlichen und tierischen Materialien bestanden, die nur mit einfachen Mitteln bearbeitet waren, ermöglichte die Entwicklung neuer Techniken die Herstellung von Perlen völlig anderer Art. So wurden in der Bronzezeit Metalle nicht nur zu Waffen und Werkzeugen verarbeitet, sondern auch zu Perlen. Bedingt durch die technischen Möglichkeiten waren die früheren Perlen röhrenförmig oder flach. Seit man jedoch in der Lage ist, kugelförmige Perlen herzustellen, ist diese Form die populärste.

Die Erfindung des Werkstoffes Glas bedeutete auch für die Perlenherstellung eine wahre Revolution! Es konnten jetzt Perlen in allen erdenklichen Formen, Farben und Mustern hergestellt werden. Zur Blütezeit der antiken Glasproduktion waren die wichtigsten Produktionsgebiete Ägypten, Rom und der islamische Mittelmeerraum. Perlen wurden nun in großen Mengen hergestellt; nahezu jeder konnte sie sich leisten. Perlen dienten jedoch nicht nur profanen Zwecken, sondern hatten auch im sakralen Bereich

8

Perlenschmuck und -stickereien gehören zur traditionellen Kleidung der nordamerikanischen Indianer.

Bedeutung, wie heute noch christliche Rosenkränze sowie islamische und buddhistische Gebetsketten.

Da Perlen stets auch ein beliebtes Handelsgut waren, dienten sie den Seefahrern als leicht zu transportierendes Zahlungsmittel beim Ankauf von Kolonialwaren verschiedener Art. Dass die indigene Bevölkerung der gerade eroberten Neuen Welt Glasperlen für kostbare Edelsteine hielt und diese bereitwillig gegen ihre eigenen Schätze tauschte, nutzten die spanischen Eroberer schamlos aus. Ein besonders unrühmliches Kapitel im Geschichtsbuch der Perle ist ihre Verwendung als Tauschobjekt beim Kauf afrikanischer Sklaven.

Auf keinen Fall darf der ästhetische Wert der Perle für Mode, Kunst und Handwerk vergessen werden. Durch alle Epochen hindurch war sie eine wunderbare Inspiration für Künstler und Handwerker. So werden Perlen auch ohne Magie und Rituale wohl immer ihrer Schönheit wegen geliebt werden.

Perle
ist nicht gleich Perle

Seit uralten Zeiten werden in allen Teilen der Welt die schönsten und interessantesten Perlen aus den unterschiedlichsten Materialien hergestellt. Deren Vielfalt ist so groß, dass es den Rahmen dieses Buches sprengen würde, sie alle vorzustellen. So beschränke ich mich an dieser Stelle darauf, diejenigen Perlensorten anzuführen, die ich bei meinen Arbeiten verwendet habe. Bringen Sie meine Ausführungen dazu, selbst nach weiteren, interessanten Perlensorten zu suchen, würde mich das sehr freuen.

Hersteller und Händler benutzen oftmals unterschiedliche Bezeichnungen für dieselbe Perlenart. Damit Sie beim Kauf nicht unnötig verunsichert werden, habe ich nach dem geläufigsten Begriff auch noch alle mir bekannten Bezeichnungen aufgezählt.

Rocailles
auch: „Indianerperlen", „Stickperlen", „Saatperlen", „Pfundperlen", „Conterie"
Bei Rocailles handelt es sich um kleine, relativ schlichte Perlen, die erst als „Masse" oder in der richtigen Kombination ihren ganzen Charme entfalten. Sie bilden die Grundlage der meisten Modelle. Hergestellt werden Rocailles aus einem langen, entsprechend dünnen Glasrohr,

das in kleine Stücke – die Basis für die späteren Perlen – geschnitten wird. Diese rohen Perlenstücke werden dann im Rotationsverfahren mit Wasser und Sand rund geschliffen. Die handelsüblichen Größen reichen von 2 mm bis 5 mm Durchmesser.
Die geläufigsten Ausführungen sind:

Opak
Diese Perlen sind milchig durchgefärbt, besitzen meistens eine reine, klare Farbe und erinnern deshalb an kleine Liebesperlen aus Zucker. Bei eleganten, anspruchsvollen Modellen sollten sie darum nur sparsam eingesetzt werden. Bei Arbeiten für und mit Kindern sind sie jedoch ideal und wirken auch in „ethnischen", vor allem afrikanischen und indianischen Designs, sehr authentisch.

Transparent
Auch rein transparente Perlen ohne schillernden Überzug kommen besser in unkomplizierten, fröhlich-farbenfrohen Designs zur Geltung. Durch ihre Schlichtheit gehen sie sonst allzu leicht neben ihren „schillernden Schwestern" unter.
Ein netter Blickfang sind gestreifte Rocailles, die – opak oder transparent – aus Glasröhren mit eingearbeiteten, zwei- oder mehrfarbigen Linien geschnitten wurden.

Gelüstert

auch: „Rainbow" und „Scarabé"

Diese Perlen sind entweder opak oder transparent, haben aber zusätzlich einen wunderbar schimmernden Überzug. Ihre unaufdringliche Eleganz macht sie zu einem Klassiker und man findet sie in nahezu jedem Design wieder. Absolut hinreißend sehen gelüsterte Perlen aus, wenn sie je nach Lichteinfall changieren, also den Farbton wechseln.

Silverline

Diese transparenten Perlen sind innen silbern verspiegelt, was sie besonders schön glitzern lässt: Transparente Silverline-Perlen funkeln wie Diamanten! Die Füllung kann übrigens auch weiß sein, dann nennt man diese Perlenart „White Inside".

Perlmutt

auch: „Ceylon"

Diese Perlen bestechen durch einen zarten, unaufdringlichen Perlmuttschimmer, der ihnen eine altmodisch-mädchenhafte Anmutung verleiht. Ihre zarten Farbtöne geben den Perlenarbeiten ein wenig antiken Liebreiz.

Gefrostet

Im Gegensatz zu allen anderen Sorten glänzen die gefrosteten Perlen nicht. Ihre Oberflächen sind stumpf gerieben oder geätzt. Es gibt sie sowohl transparent als auch opak, und ich schätze ihren im wahren Sinne des Wortes rauen Charme als Kontrast zu all dem Glanz und Glitter.

Metallic

Die populärsten Vertreter der metallisch glänzenden Perlen sind silber-, gold- oder kupferfarben und sollten in keiner Perlensammlung fehlen. Sie sind in mehreren Farbabstufungen

erhältlich, glänzend und auch matt. Darüber hinaus gibt es Metallic-Perlen aber auch in einigen wenigen anderen Farbtönen.

Besonders als „Hexagon", also in sechseckiger Form, finde ich metallische Perlen ganz toll, denn diese Form verleiht ihnen im Zusammenspiel mit der metallischen Farbe die Anmutung von Schraubenmuttern und inspirierte mich so zu einigen ungewöhnlichen Modellen im „Industrial Style".

Stäbchenperlen

Das Stäbchen ist der „große Bruder" der Rocaille, denn hierfür wurde der Glasstab einfach beim Zerschneiden in längere Stücke unterteilt. Stäbchenperlen sind normalerweise 7 mm bis 15 mm lang. Auch hier hält der Handel eine große Farbvielfalt bereit, und zwar meistens gelüstert oder silverlined, aber auch opak und transparent. Besonders schön sind in sich gedrehte („twisted") Stäbchen, die das Licht wunderbar brechen. Stäbchen eignen sich wie Rocailles für alle Arbeitstechniken. Da aber ihre Enden nicht wie die der kleinen Perlen abgeschliffen werden, sind sie oft scharfkantig. So ist beim Verarbeiten von Stäbchen auf besondere Strapazierfähigkeit des Garnes zu achten.

Bei Rocailles und Stäbchenperlen gibt es innerhalb der einzelnen Gruppen meist keine nennenswerten Größenunterschiede, sodass sie

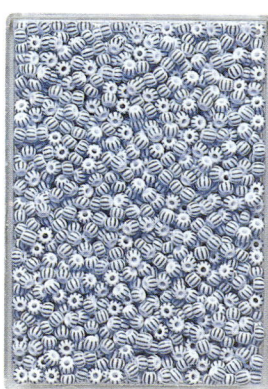

Die Vielfalt an Mustern und Farben der Rocaille-Perlen ist fast grenzenlos.

beim Arbeiten eine gute, gleichmäßige Grundlage bieten. Flächig gestickt, reihenweise gewebt, nebeneinander aufgefädelt – viele Gestaltungsmöglichkeiten, kaum Probleme. Zu einem absoluten Unikat wird eine Perlenarbeit aber erst durch kleine Besonderheiten. Dazu zählen vor allem Großperlen aus den unterschiedlichsten Materialen, in verschiedener Verarbeitung und individueller Größe. Auch als Verschlüsse an fantasievoll gearbeiteten Armbändern sind außergewöhnliche Großperlen besser geeignet als langweilige, industriell hergestellte Fertigverschlüsse.

Wickelperlen

Während Rocailles und Stäbchenperlen von einem langen Glasrohr geschnitten werden, wird bei den Wickelperlen das geschmolzene Glas um einen Metalldraht, den so genannten Dorn, gewunden. Dabei können auch mehrere verschiedenfarbige Glasstränge zu Mustern verarbeitet werden. Häufig entstehen beim Wickeln kleine Luftblasen, die für einen interessanten Effekt sorgen. Wickelperlen können bereits während des Wickelvorgangs oder auch

nachträglich mit dünnen Glasfäden überwickelt und betupft, mit Glassplittern, Metallfolie und anderem reich verziert werden und bilden so für sich bereits fantastische Kleinode.

Millefiori-Perlen

Bei den Millefiori ist der Glasstab, aus dem die Perlen geschnitten werden, bereits der Länge nach in sich gemustert. Weil die Musterung im Querschnitt zumeist die Form einer Blüte hat, nennt man sie „mille fiori", italienisch für „tausend Blumen". Bei dieser alten, ursprünglich venezianischen Technik wird der Glasstab praktisch scheibchenweise auf die Oberfläche der Perle geschmolzen und hinterlässt dort Abdruck für Abdruck seines Querschnitts Blume an Blume.

Pressglasperlen

Bei Pressglasperlen wird das Glas mit Hilfe eines Models geprägt. Das geschah einst in Handarbeit, heute zumeist maschinell. Dabei werden die beiden Hälften der Model aufeinander gedrückt, wodurch eine etwas erhöhte Naht entsteht, das typisch Merkmal der Pressglasperle.

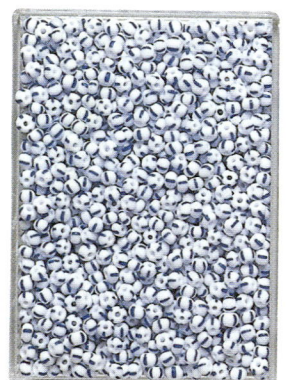

Gepresst werden übrigens alle erdenklichen Formen, und die Auswahl an Blüten, Blättern, Früchten und vielem mehr bereichert die Arbeit mit Perlen ungemein.

Geschliffene Perlen

Im Hobbybereich wird man auch bei facettierten Perlen eher auf in Form gepresste Stücke treffen. Das ist eine Frage des Preises, denn geschliffene Facetten sind eigentlich wahrer Luxus, den man vornehmlich Kristallen und Edelsteinen angedeihen lässt. Geschliffen werden eckige oder auch etwas abgerundete Kanten. Daniel Swarovski, geboren 1862 in Böhmen, einer der Hochburgen der Perlenfabrikation, entwickelte eine Maschine zum Schleifen von Perlen. Nach Swarovski-Art geschliffene Perlen gelten bis heute als die besten der Welt.

Metallperlen

Metall steht bei der Herstellung von Perlen natürlich mit in der ersten Reihe. Neben Edelmetallen wie Silber und Gold werden auch Kupfer, Bronze und Nickel zu wunderschönen Schmuckstücken verarbeitet. Zur Herstellung von Metallperlen wird das Metall gestanzt, gehämmert oder maschinell geprägt. Perlen aus unedlen, silber glänzenden oder silber legierten Metallen gibt es schon recht preiswert zu kaufen und für die meisten Perlenarbeiten sind diese völlig ausreichend.

Hervorzuheben sind hier die filigran verzierten, leicht patinierten Metallperlen aus indischer Produktion, die den entsprechenden Designs den letzten Ethno-Schliff geben.

Emailperlen

Für Emailperlen wird die Emailfarbe auf einen Metallkörper aufgetragen. Außergewöhnlich schön sind die so genannten Cloisonné-Perlen. Auf deren Oberfläche unterteilen aus Draht gezogene Trennlinien einzelne Felder, die mit Emailfarbe ausgemalt werden. Mit Cloisonné-Perlen lassen sich romantische, verspielte Arbeiten wunderbar abrunden.

Keramikperlen

Auch Keramikperlen gibt es in fast unüberschaubarer Vielfalt. Die schlichtesten Exemplare kommen wohl aus Afrika: Tonkügelchen werden zwischen den Fingern gerollt und anschließend in der Sonne zum Trocknen ausgelegt. Die meisten der im Handel erhältlichen Keramikperlen werden jedoch gepresst und dann mit einer ein- oder mehrfarbigen Glasurschicht überzogen. Konkurrenzlos schön sind handbemalte Exemplare, jedes für sich ein Kunstwerk im Kleinformat!

Hier wären vor allem Porzellanperlen aus China und Tonperlen aus Peru zu nennen.

Holzperlen

Bei Holzperlen denkt man zuerst einmal an die kunterbunt lackierten Kugeln, Würfel und Kegel, auf die besonders gern beim Arbeiten mit Kindern zurückgegriffen wird. Tatsächlich ist vornehmlich diese Art von Holzperlen im Handel zu finden. Dabei wird oft übersehen, dass unbemalte einheimische und tropische Hölzer zu Perlen mit ausgesprochen gediegener und edler Anmutung verarbeitet werden. Die attraktiven Farben und Muster verdanken diese Holzperlen der Natur, denn sie rühren von der Tönung und der Maserung des Holzes her. Besonders im asiatischen Raum werden Holzperlen oft kunstvoll mit Miniaturbildchen bemalt oder erhalten aufwändige Schnitzereien.

Kunststoffperlen

Alle Perlenmodelle, die aus Naturstoffen hergestellt werden, sind auch als Kunststoffkopien erhältlich. Selbst patinierte Metallperlen können heutzutage so gut imitiert werden, dass sie nicht auf den ersten Blick erkennbar sind. Ob Keramik, Glas oder Kristall, Bernstein oder Gagat – die Vorbilder sind zahlreich. Wenn auch einige Imitate eine wirklich täuschend echte Optik

bieten, so merkt man doch spätestens an Gewicht und Temperatur, dass es sich um Plastik handelt. Außerdem sind Perlen aus Glas, Keramik, Metall und den meisten anderen „echten" Materialien schon zu so günstigen Preisen erhältlich, dass es eigentlich keinen Grund gibt, Plastik zu verwenden. Ich persönlich greife nur in einem einzigen Fall zu Kunststoffperlen: Die so genannten Wachsperlen sind nicht wie Glasperlen durchgefärbt. Ihr Kunststoffkern wird nachträglich in ein Farbbad getaucht. Sie sind in vielen Farbtönen sowie in Silber und Gold, matt oder glänzend erhältlich. Es gibt sie in erfreulich vielen Größen; die ganz großen eignen sich gut als Verschlüsse für gewebte und gestickte Armbänder. Doch Vorsicht: Wachsperlen sind nur bis 30 °C waschbar und gehören nicht in die chemische Reinigung!

Neben den hier beschriebenen Materialien gibt es noch einige andere, oft ungewöhnliche Naturstoffe, die man zu wunderbaren Kollektionen verarbeiten kann. Die vor allem in Afrika häufig verwendeten getrockneten Hülsenfrüchte und Samen sind sogar ohne weitere Bearbeitung „perlentauglich". Tierknochen und Horn werden geschnitten, geschnitzt, poliert, mit Tee oder Kaffee eingefärbt und ergeben die tollsten Preziosen. Muschelschalen bergen nicht nur Wild- und Zuchtperlen, sie selbst eignen sich auch für wundervoll verarbeitete, zart schillernde Perlen und Knöpfe. Aus dem Meer stammen auch Korallen, aus denen Perlen in unverwechselbarer Tönung und Struktur hergestellt werden. Abschließend sei hier noch die riesige Familie der Steine, Edel- und Halbedelsteine, Quarze und Kristalle genannt.

Wie geht das?

Es gibt zahlreiche, ganz unterschiedliche Möglichkeiten, Perlen zu verarbeiten. In diesem Buch beschränke ich mich auf Schmuckstücke im weitesten Sinn. Ich möchte Ihnen an meinen Modellen beispielhaft zeigen, wie auch Sie individuelle Preziosen selbst anfertigen können.

Ich kann mich nicht rühmen, bahnbrechende Techniken erfunden zu haben. Alle hier beschriebenen Methoden gibt es zum Teil seit Jahrhunderten. Ich halte mir jedoch zugute, althergebrachten Arbeitsweisen neue Aspekte und Varianten abzutrotzen und ihnen so eine moderne, innovative Anmutung zu verleihen. Damit auch für Sie Erfolg und Spaß garantiert sind, habe ich die Arbeitstechniken von zwei-linke-Hände-super-einfach bis aufwändig und raffiniert geordnet.

Los geht es mit dem einfachen Aufreihen von Perlen auf Schnüre aus Gummi und Metall. Dabei wird keinerlei kunsthandwerkliche Erfahrung vorausgesetzt. Sie lernen zunächst das Material kennen, erfreuen sich an der Schönheit der verschiedenen Perlentypen und erfahren deren Sinnlichkeit. So probieren Sie erst einmal aus, welche Perlen Ihnen am ehesten entsprechen, wie diese zu handhaben und zu kombinieren sind.

Im nächsten Schritt, dem Fädeln, werden die Perlen zwar zuerst ebenfalls nur aufgereiht, dann aber raffiniert weiterverarbeitet. Da entstehen zum Beispiel sagenhafte Halsketten mit Perlen, die auf einen Draht aufgezogen sind, der schlicht und flott in Luftmaschen gehäkelt wird. Viel Zeit und eine Engelsgeduld sollte allerdings derjenige haben, der kleine Perlen Runde um Runde zu massiven Armreifen fädeln will. Der Lohn dieser Mühsal ist dann aber auch ein absolut hinreißendes Geschmeide!

Das Weben von Perlen erfreut sich einer langen Tradition und großer Beliebtheit. Zu Recht, denn mit etwas Übung geht es flink von der Hand, und schon bald lassen sich mit ein wenig Fantasie Armbänder, Ketten und Gürtel mit den tollsten Mustern und Formen weben.

Auch das Sticken mit Perlen ist in nahezu allen Kulturen seit alters her bekannt. Ich führe Ihnen vor, wie Sie mit etwas Fleißarbeit Stoffbänder und Kleidungsstücke Reihe um Reihe üppig und in verschwenderischer Vielfalt besticken, und so Armbänder, Broschen, Haarspangen und vieles mehr entstehen.

Und nun sind Sie dran: Lassen Sie sich inspirieren und arbeiten Sie das eine oder andere Stück erst einmal vorsichtig nach. Bald schon werden Sie mutiger und setzen dann Ihre ersten eigenen Designs um. Ob klassisch und edel, ethnisch beeinflusst oder frisch-fröhlich, im Vordergrund sollen dabei immer Ihr Geschmack, Ihr Geschick und Ihr Temperament stehen, das sich in allen Arbeiten widerspiegeln wird.

Was Sie sonst noch brauchen

Je nachdem, in welcher Technik Sie Perlen verarbeiten wollen, benötigen Sie das eine oder andere Hilfsmittel. Doch keine Sorge, das wirklich unabdingbare Zubehör werden Sie größtenteils schon im Hause haben. Alles andere bekommen Sie problemlos im Kurzwarengeschäft oder im Hobbyladen. Ihren Arbeitsplatz können Sie sich eigentlich jederzeit und überall einrichten, denn das Werkstattinventar passt in einen Schuhkarton! Perlenarbeiten macht süchtig – Sie werden Stunden damit zubringen! Achten Sie deshalb auf helles Licht und entspannte, unverkrampfte Körperhaltung. Und das brauchen Sie:

Nadeln

Im gut sortierten Kurzwarenhandel gibt es spezielle Perlennadeln. Eine Alternative sind sehr dünne Nähnadeln, die mühelos auch durch ganz kleine Perlenbohrungen passen.

Garne

Für Perlenarbeiten muss das Garn natürlich möglichst reißfest sein. Das ist bei qualitativ hochwertigem Marken-Nähgarn eigentlich immer der Fall. Nylon- oder Angelschnur ist zwar äußerst strapazierfähig, ich verwende sie aber nicht gern, weil mir vor der Optik und dem Griff graut. Zum Bespannen von Webrahmen empfehle ich Stickgarn, dessen sechsfädigen Strang man je nach Bedarf und Beanspruchung entsprechend aufteilen kann.

Stickrahmen

Um auch längere Stoffstreifen besticken zu können, sollte der Stickrahmen einen möglichst großen Durchmesser (etwa 28 cm) haben.

Textilbänder

Für die Anfertigung von Armbändern können Sie Textilbänder aus Rips, Satin oder Taft verwenden. Sie stehen in unterschiedlichen Breiten und etlichen Farben zur Auswahl.

Wattekugeln

Trotz ihres Namens sind sie eigentlich nicht aus Watte, sondern aus gerolltem und gepresstem Zellstoff. Erhältlich im Bastelgeschäft lassen sie sich gut mit Perlen umsticken.

Schmuckzubehör

wie Ohrringmechaniken oder Kettenverschlüsse Achten Sie beim Kauf von Schmuckzubehör auf gute Qualität und Optik, um das selbst kreierte Modell nicht mit einem minderwertigen Teil zu verschandeln.

Quetschperlen und Kalotten

Sie benötigen diese Metallperlen, um Stränge zu verbinden oder Perlen zu fixieren.

Federboa, Spitze, Litze, Ranken, Fransen

Mit diesen textilen Kurzwaren können Sie Ihren Stickereien einen ganz speziellen Touch geben.

16

Häkelnadel

Zum Häkeln von Draht empfehle ich je nach gewünschter Maschenweite Größe 3,5 bis 5.

Gummiband

Es gibt verschiedene Stärken, und kleine Perlen lassen sich nur auf das allerdünnste Gummiband aufreihen. Auch hier ist auf Reißfestigkeit zu achten.

Schneiderkreide und Bleistift

Um die benötigte Armbandlänge oder grafische Aufteilungen auf dem Textilband zu markieren, benutzen Sie für dunkle Stoffe Schneiderkreide, für helle einen weichen Bleistift.

Zange

Beim Arbeiten mit Draht ist eine kleine Zange unerlässlich. Sie sollte spitz zulaufen, um auch an engen Stellen kräftig zupacken zu können.

Maßband

Damit Ihre Schmuckstücke perfekt passen, sollten Hals, Handgelenke und Finger vor Beginn der Arbeit gemessen werden.

Webrahmen

Wenn Sie mehr als nur einfache Armbändchen weben wollen, lohnt sich die Suche nach einem großen Modell, auf das Sie auch ganz lange Fäden spannen können. Mit den billigen, handelsüblichen Rahmen sind Sie in Ihrer Kreativität sehr eingeschränkt.

Sekundenkleber

Bestickte Stoffstücke und Wattekugeln werden auf den Schmuckmechaniken mit Sekundenkleber befestigt.

Draht

Vor allem zum Häkeln sollte er möglichst fein sein, etwa 0,2 mm stark. Dickerer Draht eignet sich zum Aufreihen von Perlen.

Stoffschere

Die Textilbänder lassen sich am besten mit einer Stoffschere schneiden. Notfalls tut es natürlich auch eine scharfe Haushaltsschere.

Kleine Schere oder Nahttrenner

Um Fadenenden abzuknipsen oder misslungene Reihen aufzutrennen, arbeitet man mit einer kleinen, spitzen Schere oder einem Nahttrenner.

Karopapier, Buntstifte, Lineal

Sicherlich werden Sie einige gute Ideen für Webmuster bekommen. Probieren Sie Aufteilung und Wirkung zunächst auf Papier aus. Will man Motive über mehrere Kästchen hinweg anlegen oder ablesen, spart man sich mit einem Lineal viel Zählarbeit und Zeit (0,5 cm = 1 Kästchen = 1 Perle).

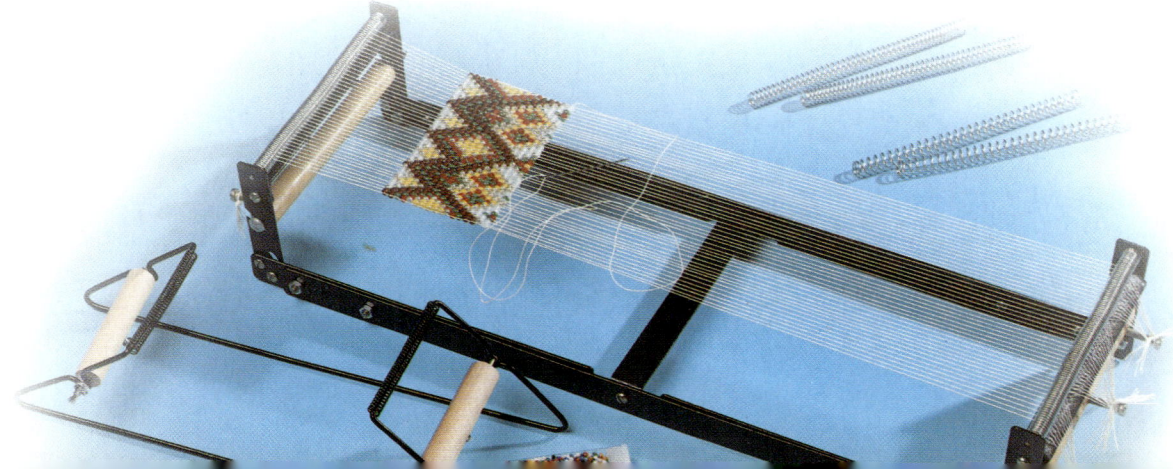

Die Welt der Farben
Ein Leitfaden

Farben, Farben, Farben – wohin das Auge blickt. Die Welt ist erfüllt von Farben; wir nehmen Sie meist als selbstverständlich wahr, ohne uns Gedanken über ihre Wirkung als einzelne oder im Zusammenspiel mit anderen Tönen zu machen. Auch bei der Farbzusammenstellung unserer Garderobe wählen wir meist intuitiv aus. Bei dieser „unbewussten" Wahl werden wir von unserem Gefühl geleitet, und das ist auch gut so. Doch warum empfinden wir bestimmte Farben und Kombinationen als harmonisch und lehnen andere ab? Gibt es über unseren persönlichen Geschmack hinaus vielleicht doch gewisse Regeln oder Gesetzmäßigkeiten, die uns zu bestimmten Farbkombinationen hinführen? Tatsächlich haben sich Künstler und Wissenschaftler – die bekanntesten waren wohl Leonardo da Vinci und Johann Wolfgang von Goethe – seit Jahrhunderten mit der Wirkung der Farben beschäftigt.

Heute orientieren wir uns bei der Arbeit mit Farben vornehmlich an der Lehre des Bauhaus-Künstlers Johannes Itten, der bereits auf ein „subjektives Erleben und ein objektives Erkennen" im Umgang mit Farben hinwies. Während das subjektive Erleben die persönliche Affinität zu bestimmten Farbtönen meint, basiert das objektive Erkennen auf dem theoretischen Wissen um die Wirkung der Farben, ihrer Harmonien und Kontraste.

Die folgenden Erläuterungen der Farbkontraste ermöglichen es Ihnen, Farbkombinationen subjektiv auszuwählen und objektiv zu verifizieren. Die Ausführungen zu den Farbkontrasten basieren auf dem Farbkreis nach Johannes Itten.

Der Farbkreis

Der Farbkreis gründet sich auf die drei Grundfarben Gelb, Rot und Blau. Grundfarben nennt man sie deshalb, weil sie in ihrer reinen Form aus keiner anderen Farbe gewonnen werden können, sich jedoch ihrerseits zu allen übrigen Farben mischen lassen. Grundfarben werden auch als Primärfarben oder Farben erster Ordnung bezeichnet. Mischt man jeweils zwei der Grundfarben, erhält man Orange, Violett und Grün, die man auch Sekundärfarben oder Farben zweiter Ordnung nennt. Zu diesen sechs

Primär- und Sekundärfarben kommen dann noch sechs Zwischenfarben, nämlich Gelb-Orange, Rot-Orange, Rot-Violett, Blau-Violett, Blau-Grün und Gelb-Grün hinzu. Damit verfügen wir über einen insgesamt zwölfteiligen Farbkreis, der als Grundlage aller weiteren Abstufungen und Mischungen dient.

Kontraste

Selten wirkt eine Farbe allein, sondern sie erhält erst im Zusammenspiel mit einer anderen eine bestimmte Wirkung. Diese Farbwirkung kann durch die Nachbarschaft zu einer anderen Farbe abgeschwächt, verstärkt oder auch völlig verändert werden. Diese Wechselwirkung wird als „Kontrast" bezeichnet. Die wichtigsten Kontrastarten möchte ich hier erläutern.

Das bedeutet natürlich nicht, dass Sie nur noch mit dem Farbkreis in der Hand die Perlen für Ihr nächstes Stück aussuchen. Aber Sie werden sehen, dass Ihnen diese theoretischen Erkenntnisse Ihre Vorlieben für bestimmte Farbtöne und Kombinationen erklären und Sie darüber hinaus zu ganz neuen Kompositionen ermutigen.

Komplementärkontrast

Im Farbkreis bilden folgende Farben so genannte komplementäre Paare, die einander gegenüberliegen:

Rot – Grün
Blau – Orange
Gelb – Violett

Haben Sie es bemerkt? In jedem dieser Paare sind alle drei Primärfarben enthalten, eine in reiner und zwei in zur Sekundärfarbe gemischten Form:

Rot – (Gelb + Blau)
Blau – (Rot + Gelb)
Gelb – (Rot + Blau)

Aus diesem Grund empfinden wir das Zusammenspiel von Komplementärfarben als vollkommen und harmonisch. Und wir finden hier auch einen guten Leitfaden für unsere Designs.

Dass Sie die Sekundärfarben durch jeweilige Zugabe einer der beiden Primärfarben nochmals entsprechend abtönen können, wird Sie nicht erstaunen. So erzielen Sie durch Mischen von viel Rot und wenig Blau ein warmes Rot-Violett. Grün können Sie von Petrol (durch Zugabe von viel Blau) bis zu Maigrün (durch Aufhellen mit viel Gelb) variieren. Was passiert aber, wenn Sie einer Sekundärfarbe die entsprechende Komplementärfarbe beimischen? Auf diese Art „trüben" Sie die klaren Farben. Wollen Sie ein Olivgrün anmischen, geben Sie Ihrem Grün einige Tröpfchen Rot bei. Wenn Sie alle drei Primärfarben mischen, erhalten Sie je nach Anteil der einzelnen Primärfarben einen Ton zwischen Grau und Braun.

Auch wenn Sie die Farbtöne der Perlen natürlich nicht selbst anmischen können, ist es hilfreich, über den Komplementärkontrast Bescheid zu wissen, da er zu bestimmten Kombinationen anregt und deren Wirkung erklärt.

Beispiele für die wichtigsten Kontraste:

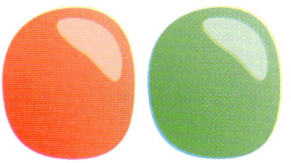

Komplementärkontrast

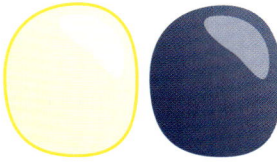

Hell-Dunkel-Kontrast

Kalt-Warm-Kontrast

Hell-Dunkel-Kontrast

Schwarz und Weiß als Extrembeispiel für den Hell-Dunkel-Kontrast sind allemal ein spannungsreiches Farbduo und kehren daher immer wieder in die Modewelt zurück. Aber auch innerhalb einer „Farbenfamilie" – zum Beispiel zwischen fast transparentem Eis- und tiefstem Nachtblau – ist der Hell-Dunkel-Kontrast ein garantierter Blickfang.

Kalt-Warm-Kontrast

Bestimmte Farben empfinden wir als kalt, andere als warm. So kennen wir Türkis als „kalte" Farbe des Wassers, Gelb hingegen sehen wir als warme Farbe des Feuers. Darüber hinaus spielt bei diesen Empfindungen aber auch der psychologische Effekt, den das Betrachten einer Farbe auf unser Gemüt und unsere Stimmung hat, eine entscheidende Rolle.

Im Farbkreis liegen sich diese Farben gegenüber: Auf der einen Seite die kalten Töne des Blau-Grün-Bereiches, wobei das Blau-Grün die kälteste Farbe ist; ihr gegenüber befindet sich das Rot-Orange, das im warmen Gelb-Rot-Bereich die wärmste Farbe darstellt. Doch auch ein Rot kann verhältnismäßig kalt wirken. Nämlich dann, wenn es eher blaustichig ist und zum

Violett hin tendiert. Und ein Grün wirkt warm, wenn es einen großen Gelb-Anteil besitzt.

Den Kalt-Warm-Kontrast finde ich übrigens sehr spannend, er ist eines meiner liebsten „Spielzeuge" beim Entwerfen von Designs.

Farbe-an-sich-Kontrast

Hierbei handelt es sich um einen Kontrast, der aus der Reinheit der Farbe entsteht. Am prägnantesten wirkt er sich bei der Kombination der drei unverfälschten Primärfarben aus.

Der Farbe-an-sich-Kontrast ist zwischen denjenigen Farben am stärksten, die im Farbkreis am weitesten voneinander entfernt sind. Je mehr eine Farbe sich einer anderen annähert, desto geringer wird der Kontrast. Das bedeutet, dass der Kontrast zwischen Rot und Blau größer ist als der Kontrast zwischen Rot und Violett.

Qualitätskontrast

Mit der Qualität einer Farbe sind ihre Reinheit, Sättigung und damit auch ihre Leuchtkraft gemeint. Die reinsten Farben sind die drei unverfälschten Grundfarben, von denen Gelb die höchste Leuchtkraft besitzt.

Abgeschwächt wird die Leuchtkraft durch Beigabe von Schwarz, um die Farbe zu verdüstern,

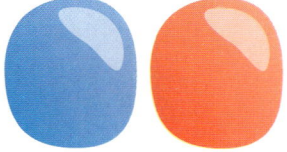

Farbe-an-sich-Kontrast

Qualitätskontrast

Quantitätskontrast

oder durch Beigabe von Weiß, um die Farbe pastellig abzutönen. Auch das Nebeneinander der Farben hat großen Einfluss auf die Leuchtkraft und damit auf die Kontraste. So wirkt das zitierte Gelb neben Orange schwächer als neben Grau, dessen Trübung es herrlich leuchten lässt.

Quantitätskontrast

Dieser Farbmengenkontrast basiert auf der Dominanz bestimmter Farben. Da die reinen Farben, die warmen Farben oder auch die hellen, lichten Farben grundsätzlich eher stark wirken, können die Farben auch nach ihrem vermeintlichen Lichtwert in ein von Goethe entwickeltes Zahlensystem gebracht werden.

Gelb:	9
Orange:	8
Rot:	6
Grün:	6
Blau:	4
Violett:	3

Das würde bedeuten, dass eine blaue Fläche im Design doppelt so groß sein müsste wie eine

orangene, um quantitativ die gleiche Wirkung zu erzielen. Da der Quantitäts- entschieden mit dem Qualitätskontrast zusammenhängt, verschiebt jede Abtönung das Verhältnis zumindest ein wenig.

Trotzdem ist diese „graue" Theorie für die farblich ausgewogene Konzeption von Designs ausgesprochen bedeutsam.

Beim Arbeiten mit Perlen kann man sich über die Farbkontraste hinaus auch noch eines Glanz-Matt-Kontrastes bedienen. Er bezieht sich nicht auf die Farben als solche, ist aber für Perlendesigner doch sehr wichtig, denn das Zusammenspiel von matten, vielleicht sogar gefrosteten Perlen und glänzenden oder gar funkelnden Exemplaren sorgt für zusätzliche Spannung im Design.

Hübsch aufgereiht

Wenn Sie zum ersten Mal ein Schmuckstück aus Perlen anfertigen wollen, dann ist diese Arbeitsweise ideal. Denn Perlen einfach auf Garn, Gummiband, Edelstahlreifen oder Draht auffädeln, das kann wirklich jeder – vom Kleinkind bis zur Großmutter! Denken Sie bitte ja nicht, dass unkompliziertes Arbeiten zwangsläufig zu einem stümperhaften Ergebnis führt. Auf die Perle kommt es schließlich an!

23

Zum Aufwärmen etwas
Dehnung

Die große Mode der Buddha-Bänder trat einen wahren Armbändchen-Boom los. Ob als Einzelstück oder gleich gebündelt, trotz ihrer einfachen Machart sind die zarten Gebilde stets ein Blickfang. Besondere Erwähnung gebührt hier der Swarovski-Perle. Glas oder auch Edelsteine werden nach einer von Daniel Swarovski entwickelten Methode so geschliffen, dass sie das Licht auf unvergleichliche Weise reflektieren.

Welche Perlen Sie wählen, ob Glas, Keramik oder Holz, ob matt oder schillernd, ob einfarbig oder kunterbunt – das bleibt ganz allein Ihrem Geschmack überlassen. Und weil auf diese Art ganz einfach und schnell kleine Schmuckstücke entstehen, können Sie sich zu jedem Kleidungsstück Ihrer gesamten Garderobe ein passendes Armbändchen anfertigen. Diese bieten sich auch an, um Perlenkombinationen auszuprobieren – sozusagen als tragbare Prototypen. Und weil pro Band nur eine geringe Menge Perlen verbraucht wird, sind sie sogar eine elegante Art der Resteverwertung.

Für ein elastisches Armband brauchen Sie einen dünnen Gummifaden, eventuell eine Stopfnadel oder etwas Nagellack, Kalotten und besonders schöne Perlen, die schon einzeln toll wirken.

Messen Sie zunächst Ihr Handgelenk, um zu wissen, wie lang die Perlenschnur für Ihr Armband werden soll. Dann fädeln Sie einfach so viele Perlen auf, bis Sie diese Länge erreicht haben.

Da das Einführen des weichen Fadenendes in die kleinen Perlenlöcher mühsam ist, sollten Sie den Gummifaden in eine Stopfnadel mit großem Öhr fädeln. Sollte die Stopfnadel zu dick für die Perlenbohrungen sein, können Sie sich auch behelfen, indem Sie ein Fadenende mit etwas Nagellack bestreichen und diesen gut trocknen lassen. Das so präparierte Fadenende lässt sich ganz einfach in die Perlenöffnungen führen.

Achten Sie bitte darauf, die elastische Gummischnur beim Fädeln nicht zu dehnen. Sie soll in ungespanntem Zustand die benötigte Länge haben. Sonst könnte es nämlich passieren, dass Sie zu wenig Perlen auffädeln und beim Tragen des Armbandes Lücken sichtbar werden.

Haben Sie genug Perlen aufgefädelt, brauchen Sie nur noch die beiden Gummibandenden zu verknoten, und Ihr erstes Armbändchen ist fertig.

Dass Sie die Fadenenden zu einem äußerst festen Knoten zusammenziehen, ist nicht nur für die Haltbarkeit wichtig. Auf diese Weise wird der Knoten nämlich auch so klein, dass er, nachdem Sie die Fadenenden möglichst knapp abgeschnitten haben, einfach zwischen oder in den Perlen verschwindet.

Eine gute Alternative zum Verknoten ist das Verschließen mit Hilfe von Kalotten. Das sind kleine Metallperlen, die in der Mitte ein wenig auseinanderstehen. Legen Sie das Fadenende zwischen die beiden Hälften einer Kalotte und pressen diese mit einer Zange gut zusammen, sitzt die Perle bombenfest. An der Kalotte ist eine

24

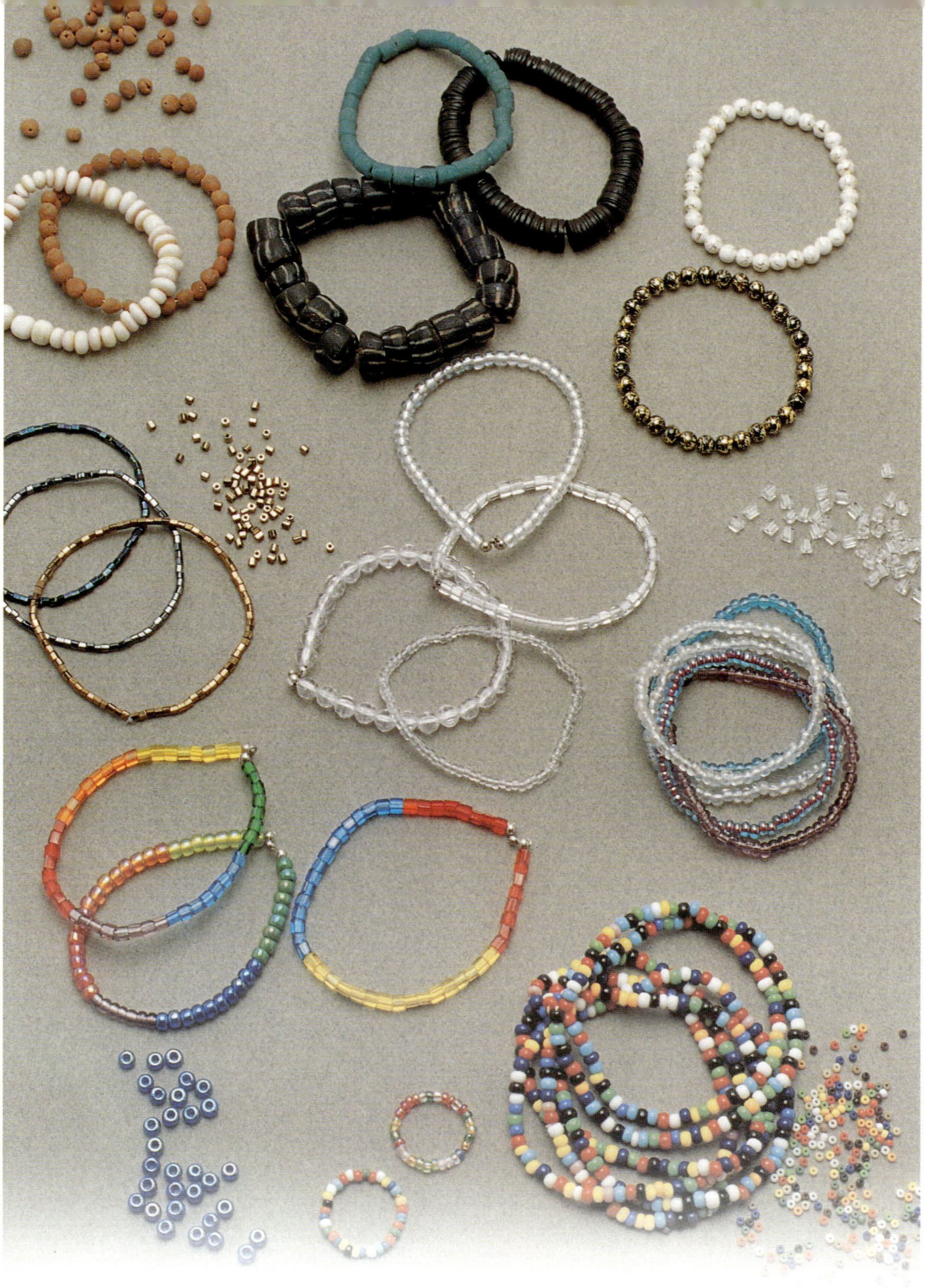

1 Der Gummifaden wird für einen weiteren Strang nochmals durch die erste Perle gezogen.

kleine Metalllasche, die Sie zu einer Öse biegen müssen. Wenn Sie nun am anderen Fadenende ebenfalls eine Kalotte anbringen, können Sie die beiden Ösen ineinander verhaken und haben nach Entfernen der überschüssigen Fadenenden einen sauberen, professionell wirkenden Verschluss. Bedenken Sie jedoch, dass der Fluss Ihres Perlendesigns beim Arbeiten mit Kalotten an einer Stelle unterbrochen wird.

Um ein mehrstrangiges Armband zu fädeln, arbeiten Sie erstmal den ersten Strang wie beschrieben, schneiden aber den Gummifaden nicht ab, sondern ziehen ihn für den nächsten Strang zunächst ein weiteres Mal durch die erste Perle (Abb. 1).

Dann fädeln Sie weitere Perlen in benötigter Länge auf und verknoten anschließend den Faden zwischen zwei Perlen möglichst unsichtbar um die Fädelschnur.

Bevor Sie den dritten Strang auffädeln, ziehen Sie zunächst wieder den Gummifaden durch die erste Perle des vorhergehenden Stranges. Auf diese Weise werden alle Stränge miteinander verbunden.

Diese Arbeitsschritte wiederholen Sie so lange, bis das Armband Ihren Vorstellungen entspricht. Probieren Sie aus, wie es wirkt, wenn Sie jeden Strang mit anderen Perlen arbeiten. Kombinie-

ren Sie beispielsweise Stränge türkisfarbener Glasperlen mit solchen aus silbrigem Metall, ergänzen Sie diese indianische Machart durch einen Strang rötlicher Holzperlen.

Mein Tipp: Fädeln Sie sich doch für den Sommer mal Perlen zu einem Fußkettchen auf. Ob ein- oder mehrstrangig – ein fröhlicher Blickfang ist das allemal! Und fehlt Ihnen mal ein besonderer Haarschmuck, können Sie mit einem Armbändchen auch ein schlichtes Haargummi verdecken, mit dem Sie Ihre Mähne gebändigt haben. Allein bietet der Gummifaden im Armband nicht genug Halt, aber zum Kaschieren reicht es allemal. Auf Seite 25 stelle ich Ihnen ein Potpourri meiner liebsten Armbändchen vor. Die Exemplare oben links sind kleine Schätze, auch wenn ihr materieller Wert sich in Grenzen hält. Es handelt sich hierbei Stück für Stück um handgefertigte Perlen, die ich auf Reisen erworben habe. Die zartrosa Perlen stammen von einer Kette, die mir ein Rastaman im mittelamerikanischen Belize aufgefädelt hat. Er schnitt die Perlen aus dem Gehäuse einer Muschelschnecke und wollte sie dann noch auf Hochglanz polieren. Ich fand sie aber „roh" viel reizvoller. Auch die kleinen braunen Kugeln stammen aus Belize und wurden von Indios aus Lehm handgedreht.

Etwas wirklich Besonderes sind die türkisfarbenen und schwarzen Perlen von der afrikanischen Westküste. In allen afrikanischen Ländern sind Perlenarbeiten von großer Bedeutung. Besonders für die Nomadenstämme ist es nützlich, ihr Vermögen in Form von handlichem Perlenschmuck mit sich zu führen. Abgesehen von diesem praktischen Aspekt offenbart der Träger des Perlenschmucks durch dessen Farben und Muster sein Alter sowie seinen ehelichen, sozialen und hierarchischen Status. Ein faszinierendes Thema, mit dem sich jeder Perlenfan näher beschäftigen sollte.

Um einzigartige Perlen zu finden, brauchen Sie nicht unbedingt andere Kontinente zu bereisen. Ein Abstecher zum Flohmarkt oder Trödler um die Ecke kann bereits sehr lohnend sein. Stöbern Sie gezielt nach ausgedienten Ketten, bestickten Stoffen und Taschen, von denen Sie die Perlen abtrennen und für eigene Kreationen wiederverwerten können.

Sommerliche Leichtigkeit verströmen die transparenten Modelle. Hier wollte ich mal testen, wie anders Perlen ein und derselben Couleur, aber verschiedener Verarbeitung wirken. Transparente Rocailles – mal gelüstert, mal matt, mal rund, mal nach Swarovski-Art geschliffen – habe ich hier aufgereiht. Leicht und ätherisch wie ein Sommerhauch passen sie zu jeder Garderobe und schmeicheln dem gebräunten Teint.

Eine harmonische Komposition transparenter, gelüsterter Perlen in zarten Tönen ist das mehrsträngige Armband darunter. Niemand würde annehmen, dass dieses edel schillernde Schmuckstück in wenigen Minuten entstanden ist.

Heavy Metal – ganz anders wirken die Bänder aus sechseckigen Perlen mit metallischem Glanz. Sie erinnern mich immer ein wenig an Schraubenmuttern, und ich mag sie sehr. Ich habe pro Band nur einen Farbton aufgefädelt, um ihren „Industrial"-Charme zu erhalten.

Unter den „schweren Jungs" sehen die Bändchen aus transparenten Perlen in klaren Farben doch frisch und fröhlich aus. Die etwas größeren Glasperlen wurden – einmal eckig, einmal rund – in der Reihenfolge des Farbkreises aufgezogen. Das dritte Bändchen dokumentiert eindrucksvoll die starke Wirkung des Farbe-an-sich-Kontrastes zwischen den drei Primärfarben. Zu guter Letzt noch ein mehrsträngiges Armband aus größeren Indianerperlen in kunterbunten, kräftigen Farben. Daneben sehen Sie zwei kleine Ringe. Auch die sind blitzschnell aus zwei

Fingerspitzen voll Perlen angefertigt. So können Sie in wenigen Minuten Ihre gesamte Armband-Kollektion um passende Ringe ergänzen.

Um einen Ring zu fädeln, schneiden Sie ein etwa 15 cm langes Stück Draht zurecht. Fädeln Sie darauf die Perlen auf – ganz nach Ihrem Geschmack kleine Rocailles in einer Farbe oder in verschiedenen Größen, Farben und Formen. Beachten Sie aber, dass große Perlen etwas herausragen und beim Tragen drücken könnten. Es wäre doch schade, wenn Sie Ihre selbst kreierten Ringe verschmähen müssten, weil sie unbequem sind.

Messen Sie hin und wieder ab, ob die Reihe zum Ring gebogen bereits um Ihren Finger passt. Um den Ring zu schließen, führen Sie die Drahtenden gegeneinander durch die aufgefädelten Perlen (Abb. 2). Um sie möglichst kraftvoll ziehen zu können, benutzen Sie eine kleine Zange. Ist Ihr Ring fest geschlossen, versäubern Sie die Drahtenden, indem Sie sie unauffällig zwischen zwei Perlen einige Male sehr eng um den Fädeldraht wickeln und dann knapp abschneiden. Hierbei ist es wichtig, dass die Spitzen ganz flach anliegen oder in einer Perle münden, damit sie beim Tragen nicht kratzen oder stechen.

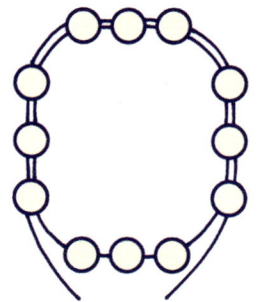

❷ Um einen stabilen Ring zu erhalten, werden die Drahtenden durch die aufgefädelten Perlen gezogen.

27

Fein gemacht!

Innen bestehen sie aus flexiblen, nylonummantelten Fasern; außen zieren sie Perlen in allen Farben und Formen: Die siebensträngigen Colliers sind ein Muss in jeder Schmuckschatulle. Sie können darauf nahezu alle Perlen aufziehen, die Ihnen gefallen und die zu Ihrer Garderobe passen. Sie benötigen dazu ein im Handel erhältliches „Nyloncoated Collier", dessen Stränge an einer Seite mit dem Verschluss verbunden, an der anderen Seite aber zum Befädeln lose sind. Für eine Kette fädeln Sie Perlen nach Wahl auf die Stränge. Lassen Sie dabei am Ende rund 1,5 cm unbefädelt. Ist Ihre Fädelarbeit abgeschlossen, fassen Sie die sieben Enden ganz eng so zusammen, dass sie exakt gleich lang sind. Schieben Sie dieses Bündel ins zweite Verschlussteil, das Sie dann mit einer Zange so kräftig wie möglich zusammenpressen, um darin die Strangenden zu fixieren. Ich rate Ihnen, diesen Arbeitsschritt zu zweit auszuführen: Einer hält die Stränge im Verschlusskäppchen, der andere drückt es mit der Zange zusammen.

Auch wenn das Prinzip schnell erklärt ist, ist doch die Ausführung gleich viel kniffliger. Am besten legen Sie zum Reihen das Collier vor sich auf den Tisch. Die erste Reihe zu fädeln wird Ihnen noch leicht fallen. Bei den folgenden dürfen Sie das Collier dann kaum noch bewegen, damit die bereits aufgefädelten Perlen nicht wieder herunterrutschen. Hilfreich ist es, das Ende eines befädelten Stranges mit Klebeband auf einem Papierbogen zu fixieren, bevor Sie den nächsten in Angriff nehmen.

Die Strangenden gleichzeitig und vor allem mit exakt gleich langen Enden so in den Verschluss einzuführen, dass sie dort auch bleiben, ist eine Kunst für sich. Rechnen Sie damit, dass Ihnen die ganze Pracht viermal herunterfallen wird, dabei wird zweimal die Hälfte der Perlen herunterrutschen, Ihr Partner kneift Sie dann beim Zusammenpressen des Verschlusses mit der Zange in den Finger – und wenn Sie dann schon fast aufgegeben haben, gelingt es doch noch! Und ein wunderschönes Collier umschmeichelt Ihren Hals.

28

Meine beiden Colliers, die ich Ihnen auf diesen Seiten vorstelle, sind nur zwei Beispiele für die schier unendlichen Variationsmöglichkeiten. Der weiche Fall des Materials inspirierte mich beim Modell „Prisma" (unten rechts) zu einer Kombination aus transparenten Perlen in Pastelltönen. Für ein wenig Abwechslung sorgen längliche Großperlen aus leicht changierendem Glas zwischen den hauchzarten Rocailles und den verspielten Glaswürfelchen.

Das Collier wirkt in dieser Kombination dezent und fein.
Auch das andere Collier ist ein sehr apartes Teil. Den Clean-Chic Japans aufgreifend, habe ich beim Modell „Drachenfisch" Grün für Jade, Crème und Schwarz für Elfenbein und Ebenholz sowie Rot für Koralle in Form von Glasperlen umgesetzt und sie mit perlmuttschillernden Wachsperlen kombiniert. Als Blickfang dienen extravagante Pressglasperlen. Edel, edel, edel ...

Wohl durchdachte
Konstruktionen

Auch diese drei Modelle sind auf die siebensträngigen Nyloncolliers aufgefädelt worden, wirken jedoch ganz anders als ihre Vorgänger. Beim Modell „Ikat" habe ich die gleichnamige Textilhandwerkskunst mit Perlen zu interpretieren versucht. Ikat ist eine alte, ursprünglich aus Indonesien stammende Webtechnik, bei der die Kettfäden vorher abgebunden und eingefärbt werden. Dadurch erscheinen die gewebten Muster mit leicht ausgefransten Konturen.

Um den Ikat-Effekt mit Perlen zu erreichen, braucht man eigentlich nicht viel zu tun, denn auch Perlen einer Sorte variieren immer ein wenig in Form und Größe, selbst wenn sie industriell hergestellt wurden. Dadurch ändert sich automatisch die Länge eines jeden Farbabschnitts, auch bei gleicher Anzahl aufgefädelter Perlen. Sollte der Ikat-Effekt trotzdem nicht deutlich genug sein, kann man ihn durch Auffädeln einer Perle mehr oder weniger pro Farbe verstärken.

Da ich bei meiner Ikat-Kette das Muster von der Mitte aus symmetrisch anlegen wollte, jedoch aus technischen Gründen gezwungen war von einem Strangende zum anderen zu fädeln, bedurfte es im Vorwege einiger „Vermessungsarbeiten". Um herauszufinden, welche Sorte in der Mitte des Stranges zu liegen kommen würde, habe ich ein paar Perlen aufgefädelt und die Stückzahl pro Zentimeter notiert.

Anschließend wurde der Nylonfaden vermessen und ich wusste auf die Perle genau, wie viele auf den Faden passen würden. Nun konnte ich mühelos und ziemlich präzise das Design berechnen und ausarbeiten. Insgesamt wurden etwa 50 g Rocailles von 2,3 mm Durchmesser verbraucht.

Auch für das Collier „Río Dorado" habe ich eine alte Technik kopiert. Sie stammt von den Indianern Nordamerikas, die fantastische Ketten aus „Liquid Silver", also flüssigem Silber herstellen. Dabei wird Silber in lange, hauchdünne Stäbe gegossen, anschließend in rund 2 mm lange Stücke geschnitten und in Strängen aufgefädelt. Je mehr Stränge eine Kette aus Liquid Silver hat, desto schwerer liegt sie auf der Haut, gleitet lasziv durch die Finger und verkörpert pure Sinnlichkeit! Meine bescheidenen Mittel ermöglichten es mir leider nur, diesen Effekt im Ansatz nachzuahmen.

Da ich aber Strang für Strang goldene Glasstäbchen aufgefädelt habe, die in sich gedreht sind und deren Facetten das Licht so wunderschön reflektieren, mag ich diese Kette genauso gern wie mein nordamerikanisches Reisesouvenir. Die verwendeten Stäbchen sind ziemlich lang und haben einen großen Durchmesser; hier sollte ein Gesamtverbrauch von rund 70 g einkalkuliert werden.

Eine Klasse für sich

Ich liebe Gagat! Die tiefschwarzen, facettierten Perlen, auch Jet-Perlen genannt, verkörpern für mich die ganze Dekadenz des Fin de Siècle, als Damen mit Bubikopf und ultralanger Zigarettenspitze gleich meterweise mit Gagatketten behängt waren. Wissen Sie, was Gagat ist? Eine Art Braunkohle! Das ist doch wirklich ernüchternd. Naja, für meine Creolen nahm ich sowieso keine echten Jet-Perlen, sondern eine Glasimitation. Rassig sehen sie trotzdem aus, wenn sie kokett am Ohr baumeln, sodass sich in ihren Facetten das Licht widerspiegelt. Aufgefädelt wurden sie auf so genannte Creolen, die im Bastelgeschäft erhältlich sind. Sie lassen sich an einer Seite öffnen und dann mühelos ganz nach Gusto mit Perlen bestücken. Anschließend wird das Ringende wieder in die dafür vorgesehene Öffnung geschoben – fertig. Befestigt werden die Creolen entweder direkt oder mit Hilfe eines kleinen Verbindungsringes an einem Ohr-Federhaken. Je nachdem, wie die Creole später hängen soll, ob in Seitenansicht parallel zum Gesicht oder im rechten Winkel dazu, können Sie die Ausrichtung ändern, indem Sie einen Verbindungsring mehr hinzufügen.

Für das geheimnisvoll schillernde Collier „Jet Set" habe ich wie bei der Kette „Río Dorado" einfach Glasstäbchen – hier blau-schwarz changierend – auf die elastischen Stränge gefädelt. Auf geradezu magische Weise bricht sich jetzt bei jeder Bewegung darin das Licht. Weil diese Stäbchen wesentlich kürzer und schmaler sind, genügten zum Befädeln knapp 50 g. Mein Tipp: Je größer der unbefädelte Teil der Strangenden ist, desto besser können Sie die Spitzen festhalten. So lässt sich das Bündel viel leichter in den Verschluss schieben. Dass man dann ein längeres Stück Nylonstrang sehen kann, ist nicht weiter tragisch, denn die Colliers gibt es mit „Innenleben" in diversen Farben. Wählen Sie also einen zu den Perlen passenden Ton aus, fallen die Lücken kaum auf, zumal sie sich hinten, direkt neben dem Verschluss befinden.

Das Modell „Planeten" zeigt eine neue Variante, ein Nyloncollier mit Perlen zu bestücken. Dabei werden knapp 50 g nachtblau schillernde Hexagon-Rocailles mit großen Silberkugeln auf einzelne Stränge gefädelt, die in unregelmäßigen Abständen und variierenden Kombinationen gebündelt durch eine Perle gezogen werden. Auf diese Weise kommt es zu spannenden Verflechtungen.

Eine einfache Alternative hierzu ist es, die befädelten Stränge erst einmal zu zopfen, bevor sie im Verschluss befestigt werden.

Ausgereift

Kunsthandwerklicher Anspruch in Ehren – aber man darf es sich doch auch einmal leicht machen. Und wenn das Ergebnis ästhetisch so überzeugend ist wie die hier abgebildeten Modelle, interessiert sich doch ohnehin niemand mehr dafür, ob die Perlen auf einen mit Mühe handgebogenen oder auf einen industriell hergestellten Stahlring aufgezogen wurden.

Der Fachhandel hält ein überschaubares Sortiment an Edelstahlreifen für Finger, Handgelenk, Hals und Ohrläppchen bereit, die ganz nach Bedarf und Geschmack mit Perlen bestückt werden können. Das geht superflink und supereinfach. Hat man bei den Perlen tatsächlich einmal danebengegriffen, lassen sie sich blitzschnell wieder abstreifen und machen Platz für den nächsten Entwurf.

Die hier gezeigten Modelle wurden auf Reifen gearbeitet, die aus einem, zwei und drei einzelnen Ringen bestehen.

Auf einfache Reifen ziehe ich gerne Perlensorten auf, die mir besonders gut gefallen und die ich durch ihren eigenen Charakter wirken lassen möchte. Eine weitere Idee für einfache Reifen ist der in den letzten Jahren salonfähig gewordene Bicolor-Effekt, bei dem silber- und goldfarbene Elemente kombiniert werden.

Fädeln Sie doch mal goldene Perlen auf silberne Reifen und umgekehrt. Setzen Sie die Perlen nur lose, sodass sie verschoben werden können, oder fixieren Sie sie einfach mit Quetschperlen auf dem Reifen.

Reifen mit zwei Ringen bestücke ich am liebsten mit einer reizvollen Kombination in Hinblick auf Farbe und Ausführung der Perlen. Zwei tolle Grüntöne, die im Farbkreis knapp nebeneinander liegen, der eine matt, der andere umso funkelnder – fertig ist ein extravaganter Ring.

Besteht der Reifen aus drei Ringen, bietet er viel Raum für Kreativität. Viele Perlen so zu kombinieren, dass sie harmonieren und ein stimmiges Bild geben, war eine schöne Herausforderung, der ich mich gerne gestellt habe. Herausgekommen sind dabei gegenständliche Motive wie die Halsreifen „Das kalte Herz", eine Komposition aus matten Glasherzen in Weiß und Blau im Zusammenspiel mit farblich passenden Rocailles. „Zieht euch warm an, Jungs", scheint seine Trägerin sagen zu wollen.

Das Modell „Polarstern" kommt farbklimatisch aus derselben Region: Gefrostete Sterne neben Rocailles in „eisigen" Farben lassen den Betrachter ein wenig frösteln. Da kommt der liebliche Frühlingsbote „Butterfly" doch gerade recht. Transparente Schmetterlinge in den Komplementärfarben Orange und Blau-Violett tummeln sich auf einer grünen Rocailles-Wiese. Dass auch ein einfaches Perlen-Potpourri in wunderschönen Farben und Formen seinen Reiz hat, zeigt der dreiteilige Armreif „Apricot".

Ich fixiere die Reihen auf den Reifen, indem ich die zuletzt aufgefädelten Rocailles mit etwas Sekundenkleber bestreiche.

Es klemmt

Nun ist Ihnen das Material schon etwas vertraut, erste Erfolge haben sich eingestellt, da können Sie sich handwerklich einige Schritte vorwagen. Schmucklose Haarklammern aus der Drogerie werden jetzt verziert und dabei entstehen wunderschöne Glanzlichter, mit denen Sie langes Haar bändigen und kurzes fröhlich schmücken können.

Möglichkeiten und Varianten gibt es viele: Im Sommer tragen Sie frische Früchtchen, zur Winterzeit festlich glänzende Perlenreihen. Oder Sie versorgen Ihr Haar in der kalten Jahreszeit mit frischen Vitaminen und lassen Schmuckperlen in sommerlicher Sonne funkeln. Probieren Sie aus, welche Perlensorten am besten zu Ihrem Typ passen. Testen Sie auch einmal, wie der matte Perlmuttglanz der Wachsperlen in Form einer Libelle oder einer Blütenreihe wirkt. Sie werden sicherlich die eine oder andere Überraschung erleben. Und weil diese Winzlinge mit etwas Übung flott von der Hand gehen, können Sie sich eine umfangreiche Kollektion für jede Gelegenheit anfertigen und produzieren gleich noch einen kleinen Vorrat an exklusiven Mitbringseln.

Um diesen schnuckligen, verspielten Haarschmuck herzustellen, benötigen Sie Haarklammern aus Metall, dünnen Draht (0,2 mm), eine kleine Schmuck- oder Rundzange und Perlen nach Geschmack. Bevor es losgeht, noch schnell ein Hinweis: Versuchen Sie Haarklammern zu bekommen, die vorne eine kleine „Nase" haben, also ein wenig hochgebogen sind. In dem kleinen Knick lässt sich das Drahtende nämlich ausgezeichnet befestigen (Abb. 1). Sollten Sie nur Klammern bekommen, deren Oberseite bogenförmig verläuft und dann glatt endet, drehen Sie diese um und befestigen die Perlen auf der Unterseite, da diese über einen kleinen Knick verfügt (Abb. 2). Der verhindert nämlich, dass der Draht von der Klammer rutscht.

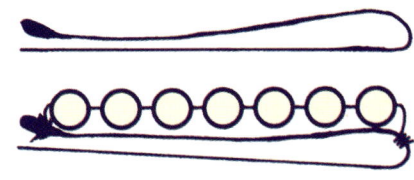

1 Bei einer geraden Haarklammer wird das Drahtende im Knick der „Nase" befestigt.

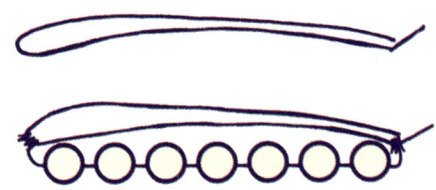

2 Bei einer gebogenen Haarklammer werden die Perlen an der Unterseite angebracht.

Spangen mit Perlenreihen

Eine gute Übung für erste „Verdrahtungen" und eine hervorragende Art, Perlenreste in Kombination mit Lieblingsstücken zu verwerten. Stellen Sie Ton in Ton Perlenreihen aus gleich großen Rocailles zusammen. Oder setzen Sie Akzente mit exklusiven Großperlen und

trauen Sie sich an verwegene Farbzusammenstellungen heran.

Schneiden Sie sich zunächst ein Stück Draht
zurecht. Die Länge richtet sich nach der Haar-
spange und sollte rund dreimal so lang wie
diese sein. Ziehen Sie ein Stückchen Draht
durchs Spangenende und befestigen Sie ihn, indem Sie die beiden Drahtteile miteinander verdrehen (Abb. 3).

Fädeln Sie nun Perlen auf das lange Drahtstück,
und zwar so viele, dass sie gut auf die Spange
passen.

Legen Sie die Perlenreihe auf die Oberseite der
Spange und wickeln Sie das lange Drahtende
mehrmals stramm um den oberen Spangenteil.
Nun ist Ihre Perlenreihe auf der Spange ausreichend befestigt (Abb. 4).

Jetzt fixieren Sie die Perlen, indem Sie den Draht
zwischen zwei Perlen hindurch um den Fädeldraht und das obere Spangenteil führen und
diese so fest verbinden (Abb. 5).

Arbeiten Sie auf diese Weise die gesamte Perlenreihe zurück. Versäubern Sie beide Drahtenden, indem Sie sie um die Spange wickeln oder
durch die Perlen ziehen.

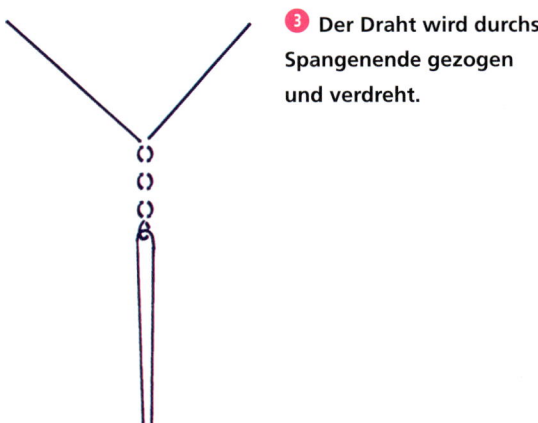

❸ **Der Draht wird durchs
Spangenende gezogen
und verdreht.**

❹ **Der Draht mit der Perlenreihe wird am Ende der
Spange befestigt.**

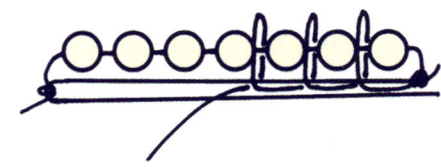

❺ **Die Perlen werden einzeln auf dem oberen
Spangenteil fixiert.**

Spangen mit kleinen Blüten

Ganz nach Typ und Stil können die Blütenreihen
aus schlichten Opak-Rocailles, aus funkelnden
Hoppla-hier-komm-ich-Silverline oder aus dezent schimmernden Wachsperlen gearbeitet
werden. Oder Sie fertigen sich gleich eine ganze
Spangenkollektion für jede Stimmung an.

Schneiden Sie ein etwa 35 cm langes Stück
Draht zurecht. Bedenken Sie, dass bei den Blüten der Draht deutlicher zu sehen ist als bei den
schlichten Spangen. Sie sollten also der Farbwahl des Drahtes mehr Beachtung schenken.
Befestigen Sie den Draht, wie bereits beschrieben, am Spangenende und fädeln Sie nun entsprechend dem Schema I Perlen in Blütenform
auf das lange Drahtstück, und zwar so viele,
dass sie gut auf die Spange passen.

Legen Sie die Blütenreihe auf die Oberseite der
Spange und wickeln Sie das lange Drahtende
mehrmals stramm um den oberen Spangenteil.
Jetzt fixieren Sie die Blüten, indem Sie den Draht
zwischen zwei Perlen hindurch um den Fädel-

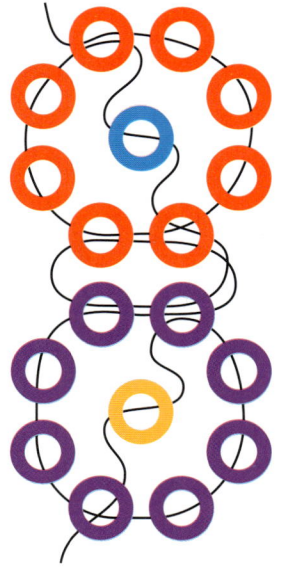

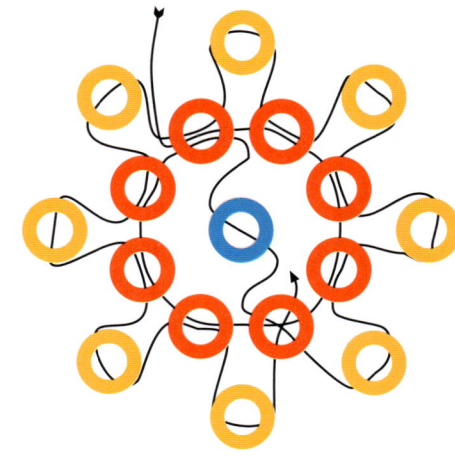

▲ **Schema II: Blumenkopf**

◄ **Schema I: kleine Blüten**

draht und das obere Spangenteil führen und diese so fest verbinden. Ziehen Sie dabei den Draht abwechselnd durch die Blütenmitte und zwischen zwei Blüten durch.

Arbeiten Sie auf diese Weise die gesamte Perlenreihe zurück. Versäubern Sie beide Drahtenden, indem Sie sie um die Spange wickeln oder durch die Perlen ziehen.

Spangen mit großem Blumenkopf

Wenn Sie eine Spange mit vielen kleinen Blüten als zu kleinmädchenhaft empfinden, passt vielleicht eine einzelne Blume besser zu Ihrem Typ. Aber ich muss Sie warnen: Es wird nicht bei einem Stück bleiben; wahrscheinlich finden Sie so viel Gefallen daran, dass nach und nach immer mehr Modelle hinzukommen und auf Ihrem Kopf bald eine ganze Blumenwiese blüht!

Schneiden Sie zunächst ein etwa 20 cm langes Stück Draht zurecht und befestigen Sie es am Spangenende. Fädeln Sie dann entsprechend dem Schema II eine große Blüte, wie sie Ihnen

gefällt oder wie sie farblich am besten zu Ihrer Lieblingskleidung passt.

Spangen mit Früchten

Die Idee, Obst auf dem Kopf zu tragen, ist nicht so ganz neu. Aber statt „zwei Apfelsinen im Haar" trägt die Dame von heute voller Anmut jede Menge Trauben, Beeren, Kirschen und Ananas spazieren.

Schneiden Sie ein etwa 40 cm langes Stück Draht zurecht. Weil bei den Früchten der Draht deutlicher zu sehen ist als bei den schlichten Spangen, sollte er hierfür farblich passend ausgewählt werden.

Ziehen Sie den Draht zur Hälfte durchs Spangenende und befestigen Sie ihn, indem Sie die beiden gleich langen Drahtteile miteinander verdrehen.

Fädeln Sie nun entsprechend den Schemas III bis VI Perlen in Obstform auf den Draht. Im Gegensatz zu den anderen Designs arbeiten Sie hier mit beiden Drahtenden gleichzeitig, die gegen-

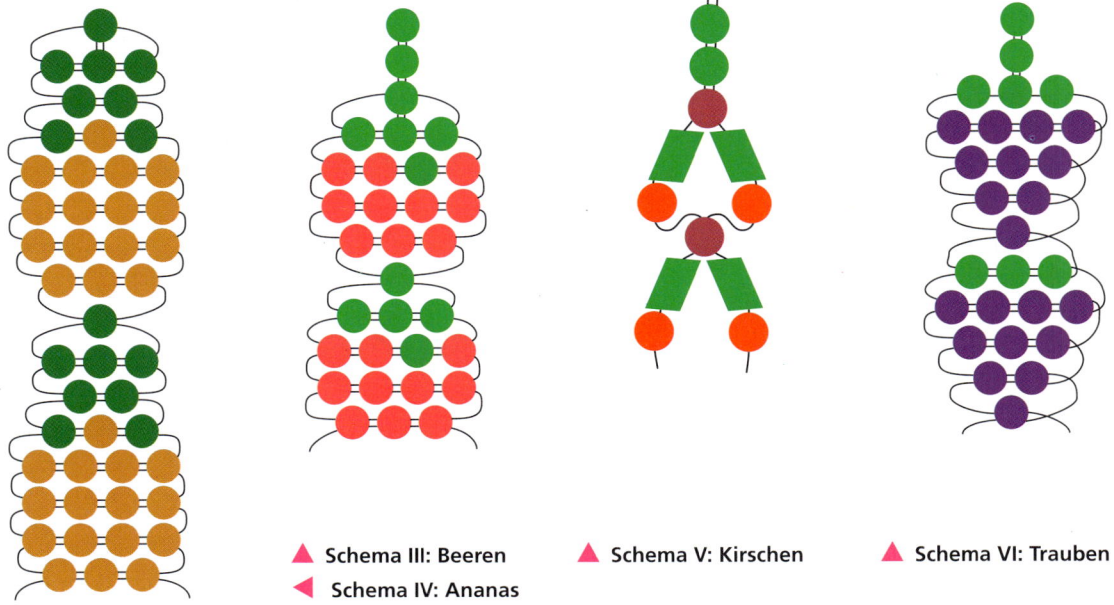

▲ **Schema III: Beeren**
◀ **Schema IV: Ananas**

▲ **Schema V: Kirschen**

▲ **Schema VI: Trauben**

einander durch die quer angeordneten Perlen geschoben werden (Abb. 6, Seite 41).

Legen Sie die Fruchtreihe auf die Oberseite der Spange und wickeln Sie die Drahtenden mehrmals stramm um den oberen Spangenteil. Ziehen Sie ein Drahtende durch die letzten zwei Perlen und schneiden Sie ihn knapp an den Perlen ab.

Mit dem verbleibenden Drahtstück fixieren Sie die Früchte so, wie es bei den anderen Spangen beschrieben wurde.

Spangen mit Blumen

Neben den anderen Spangen nehmen sich diese Blumen eher schlicht aus. Kein Glanz, kein Pomp, kein großer Auftritt. Aber sie halten bei einer schnellen Tagesfrisur kleine Strähnen aus dem Gesicht und sind so niedlich!

Schneiden Sie sich ein etwa 35 cm langes Stück Draht zurecht. Ziehen Sie ein kleines Stück des Drahts durchs Spangenende und befestigen Sie ihn. Zunächst arbeiten Sie wieder ein Blumen-

köpfchen nach dem Schema II (Spangen mit Blüten). Anschließend fädeln Sie für den Stiel sechs grüne Perlen auf. Ziehen Sie dann den Draht zwischen der zweiten und dritten Perle von hinten durch und fädeln für das obere Blatt zwölf Perlen auf (Abb. 7, S. 42).

Biegen Sie die Perlenreihe zu einem Oval und führen Sie den Draht wieder zwischen den Perlen zurück (Abb. 8). Bevor Sie weitere Perlen für den Stiel auffädeln, führen Sie den Draht einmal durch die beiden letzten Perlen durch, um einen sauberen Übergang zu erhalten (Abb. 9).

Nun fädeln Sie drei weitere Perlen auf und ziehen den Draht anschließend erneut durch die zwei letzten Perlen hindurch. Diesmal jedoch zur anderen Seite, wo Sie gegengleich wie oben beschrieben das zweite Blatt arbeiten. Um die Blume zu beenden, fädeln Sie genug Perlen für den Stiel auf, um die gesamte Spange zu bedecken. Jetzt befestigen Sie die Blume, wie bei den anderen Spangen beschrieben.

40

Spangen mit Libellen

Manchmal ist im Sommer am Weiher das leise Surren zu vernehmen, das diese zauberhaften Flieger erzeugen. Wie kleine Elfen ziehen die Libellen elegant ihre Kreise und schillern wie Perlmutt im Sonnenschein. Wenn Sie diese sommerliche Poesie einfangen und Ihr Haar damit schmücken möchten, arbeiten Sie doch nach meiner Anleitung gleich einen ganzen Libellenschwarm!

Schneiden Sie sich ein etwa 35 cm langes Stück Draht zurecht und befestigen Sie dieses am Spangenende.

Für die Libellen fädeln Sie für den Kopf zunächst zwei kleine und dann eine große Perle auf. Nachdem Sie nochmals vier kleine Perlen aufgefädelt haben, ziehen Sie den Draht für die oberen Flügel zwischen der zweit- und drittletzten kleine Perle durch und fädeln 30 Perlen für den oberen Flügel auf (Abb. 10, Seite 42).

Biegen Sie den Flügel um, führen Sie den Draht erneut zwischen den beiden Perlen hindurch, und arbeiten Sie auf der anderen Seite den zweiten Flügel ebenso (Abb. 11, Seite 43).

An der Stelle, wo sich die Drähte an der Spange kreuzen, verdrehen Sie die Flügel einmal gegeneinander, um sie zu stabilisieren (Abb. 12).

Zwei Perlen unterhalb des Flügelkreuzes arbeiten Sie nun auf die gleiche Weise die unteren Flügel, wobei diese jedoch nur aus je 20 Perlen bestehen.

Um einen sauberen Übergang zum Insektenkörper zu bekommen, ziehen Sie den Draht zunächst durch die letzten Perlen, bevor Sie die weiteren Perlen (wie in Abb. 9) auffädeln.

Zum Schluss fixieren Sie die Libelle wie bei den anderen Spangen beschrieben.

Ein wichtiger Hinweis: Beim Verdrehen des Drahtes müssen Sie mit etwas Fingerspitzengefühl arbeiten, um den Draht nicht zu brechen!

Spangen mit Schmetterlingen

Auch ein anderes Insekt bezaubert uns mit seiner schwerelosen Eleganz und dem hinreißenden Farbenspiel auf seinen Flügeln. Aus zart schimmernden Rocailles in plastischer Form gearbeitet, wirkt ein Schmetterling ebenso fragil wie sein lebendiges Vorbild und sieht gerade zu romantischen Frisuren schön aus.

Ein Tipp vorweg: Für die Form des Schmetterlings empfiehlt es sich, etwa 5 cm kurze Haarklammern zu verwenden. Nehmen Sie lange Haarklammern, müssen Sie die Schmetterlingsflügel riesengroß machen, damit die Proportionen stimmen. Das könnte etwas albern und kitschig aussehen.

Schneiden Sie sich ein etwa 40 cm langes Stück Draht zurecht und befestigen Sie es, bevor Sie fürs Köpfchen zunächst zwei kleine und dann eine große Zierperle auffädeln. Danach beenden Sie zuerst den Körper, indem Sie so viele kleine Perlen auffädeln, bis die gesamte Spange bedeckt wird.

Zunächst arbeiten Sie die beiden unteren Flügel, indem Sie den Draht zwischen der vierten und

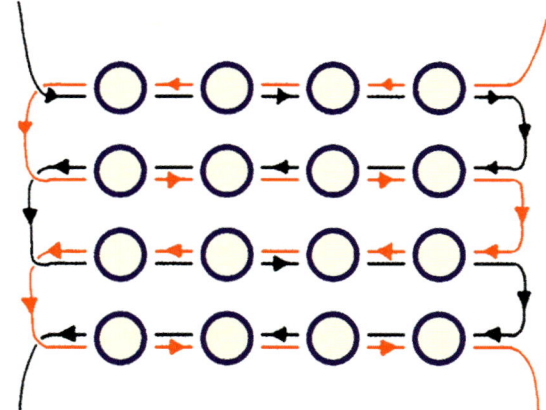

6 Bei den Obstdesigns (Schema III bis VI) fädeln Sie beide Drahtenden gleichzeitig durch die Perlen.

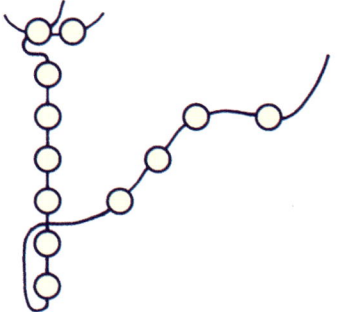

7 So werden der Stiel und das obere Blatt für die Spangen mit Blüten gefädelt.

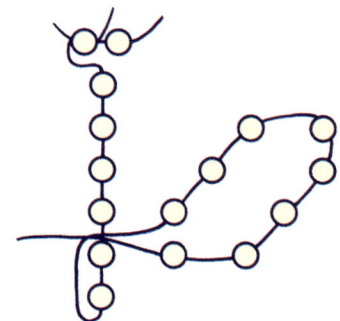

8 Die Perlenreihe für das obere Blatt (Spangen mit Blüten) wird zu einem Oval gebogen.

der fünften Perle von unten hindurchführen und etwa 30 kleine Perlen auffädeln (Abb. 13, S. 43). Biegen Sie die Perlenreihe zu einem Bogen und führen Sie den Draht etwa einen Zentimeter höher wieder zwischen den „Körperperlen" hindurch (Abb. 14).

Umwickeln Sie die Perlenreihe sowie den oberen Spangenteil wie zum Befestigen einmal und führen dann den Draht wieder zurück, um den zweiten Flügelteil derselben Seite zu arbeiten. Dieser besteht dann aus ein paar Perlen weni-

ger und darf farblich ruhig um eine Nuance abweichen.

Das gegenüberliegende Flügelpaar arbeiten Sie ebenso. Anschließend arbeiten Sie nach dem gleichen Prinzip die oberen Flügelpaare, die jedoch etwas größer sind und etwa 40 beziehungsweise 35 Perlen benötigen.

Beim Ausarbeiten aller Flügelpaare werden die „Körperperlen" bereits so häufig mitgefasst, dass ein gesondertes Fixieren überflüssig sein dürfte.

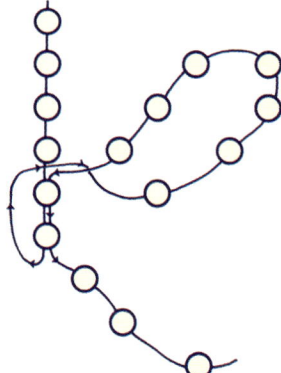

9 Der Draht wird durch die letzten Perlen hindurchgeführt, um einen sauberen Übergang zu erhalten.

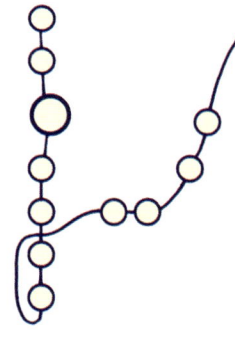

10 So wird die Libelle begonnen: Zwei kleine, eine große und wieder vier kleine Perlen bilden den Anfang.

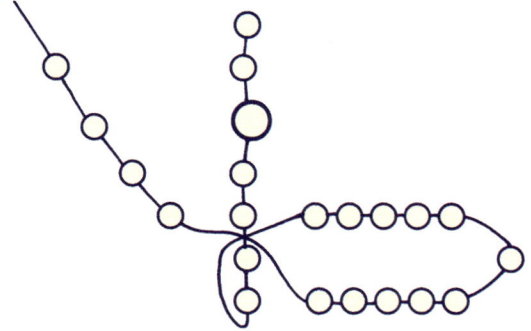

11 Abschluss des ersten und Beginn des zweiten Flügels für die Libelle

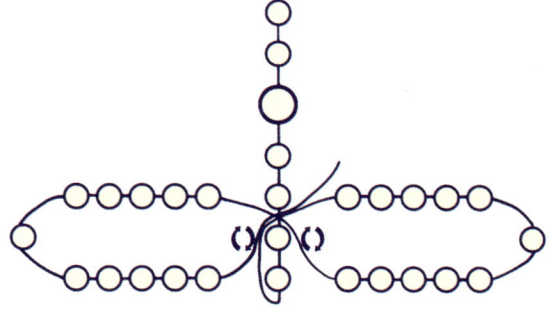

12 Nach dem Abschluss des zweiten Libellenflügels werden die Drähte durch Verdrehen stabilisiert.

Abschließend noch ein paar Gestaltungsideen: Die Blüten- und Fruchtreihen lassen sich auch zu entzückenden kleinen Fingerringen biegen. Hierfür fädeln Sie entsprechend der Anleitung eine Reihe Blüten oder Früchte auf. Ist diese so lang, dass Sie sie um Ihren Finger biegen können, schließen Sie den Ring, indem Sie die erste und die letzte Blüte oder Frucht sauber und unauffällig miteinander verdrahten.

Auch ein zarter Haarreifen sieht mit Blüten oder Früchten verziert gleich noch mal so hübsch aus.

Sie benötigen dazu einen sehr schmalen, metallenen Haarreifen, an dessen einem Ende Sie den Draht befestigen. Dann arbeiten Sie über die ganze Länge verschiedene Motive und befestigen die so entstandene Ranke dann am anderen Reifenende. Verdrahtet wird wie bei den Spangen. Weil so ein Reifen schön viel Fläche bietet, können sich hier Blüten, Blätter und Früchte ein üppiges Stelldichein geben. Bedienen Sie sich der einzelnen Elemente und komponieren Sie daraus einen kunstvollen Haarreifen Marke „Füllhorn".

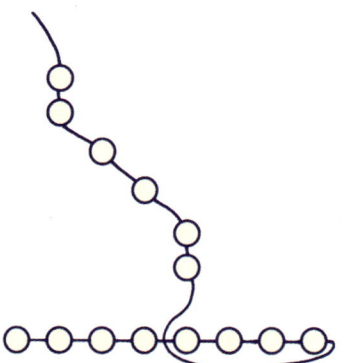

13 Nach der Perlenreihe für den Schmetterlingskörper werden Perlen für die unteren Flügel aufgefädelt.

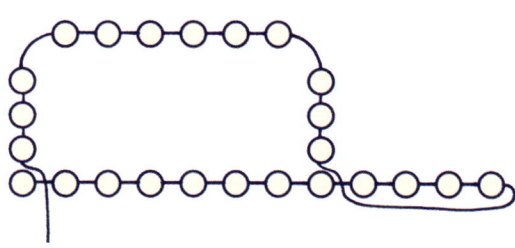

14 Die Perlenreihe für den Schmetterlingsflügel wird in einem Bogen zu den Körperperlen zurückgeführt.

43

Aufgespießt

Nach der doch etwas kniffligen Arbeit mit den Haarklammern zeige ich Ihnen hier noch einmal eine ganz einfache, aber gleichzeitig effektvolle Variante des Gestaltens mit Perlen.

Auch wenn heute kaum noch jemand Hut trägt, lohnt es sich, diese vielseitig einsetzbaren Hutnadeln im Schmuckkästchen zu haben. Denn sie können schließlich auch das Jacketrevers zieren, einen eleganten Winterschal auf adäquate Weise zusammenhalten oder schillernder Blickfang auf einer schlichten Strohtasche sein. Und die einfache und schnelle Anfertigung spricht ohnehin für sich.

Sie benötigen für Designs dieser Art jeweils eine etwa 12 cm lange Hutnadel mit Schützer, Quetschperlen oder Sekundenkleber zum Fixieren und Ihre absoluten Perlenfavoriten mit großer Bohrung.

Stellen Sie zunächst eine effektvolle Auswahl schöner Einzelstücke zusammen, legen Sie die Reihenfolge fest und schieben Sie sie dann einfach auf die Hutnadel. Wie so oft ist auch hier weniger mehr. Überladen Sie die Nadel nicht und bedecken Sie sie höchstens zur Hälfte mit Perlen.

Befestigt wird die Perlenreihe oben und unten jeweils mit Hilfe einer Quetschperle. Das hat den großen Vorteil, dass Sie eine einzige Hutnadel immer wieder neu mit Perlen bestücken können, je nach Kleidung und Anlass. Sollten Sie keine Quetschperlen bekommen, können Sie sich behelfen, indem Sie die Hutnadel nur im Bereich der Perlenreihe und vor allem sehr sparsam mit Sekundenkleber bestreichen, bevor Sie die Perlen darauf schieben. Überflüssiger und verschmierter Klebstoff muss sofort mit einem Tuch (nicht mit den Fingern!) abgewischt werden, bevor er festtrocknen kann.

Die Perlen meiner Hutnadeln habe ich in einem sagenhaften Perlenshop in der Green Street (!) in New York gefunden.

Da das grau-schwarze peruanische Modell sowie die beiden afrikanischen Designs aus besonders wirkungsvollen Perlen bestehen, habe ich mir hier keine gestalterischen Kapriolen erlaubt und sie stilistisch unverfälscht gelassen. Alle anderen Nadeln sind Kompositionen in Objets-Trouvés-Manier. Dafür wurden in Stil- und Machart möglichst unterschiedliche Perlen scheinbar willkürlich zusammengestellt.

44

45

Kunstvoll
gefädelt

Aufgereiht wird auch hier. Doch das ist nur der vorbereitende Schritt, erst dann geht es richtig los! Um Perlen so wie auf den folgenden Seiten beschrieben zu verarbeiten, sollte man über etwas Fingerfertigkeit und Muße verfügen, denn es wird technisch recht anspruchsvoll. Dafür können Sie sich anschließend damit brüsten, ein Stück „art to wear", also tragbare Kunst, kreiert zu haben. Und eine kleine Warnung vorweg: Lassen Sie sich nicht dadurch verunsichern, dass man den Blick nur schwer wieder von Ihnen abwenden können wird!

47

Die Masche
mit den Perlen

Zauberhafte Effekte können Sie mit dieser an sich einfachen Idee erzielen. Die Umsetzung selbst ist dann zwar nicht mehr so simpel, aber mit Hilfe dieser Anleitung werden Sie es schon schaffen.

Um solch filigrane Häkelketten herzustellen, benötigen Sie dünnen Draht. Er sollte nicht stärker als 0,2 mm sein, weil sich dickerer Draht nur schwer verarbeiten lässt und auch die Optik nicht überzeugt. Meistens ist dünner Basteldraht nur silber- oder goldfarben erhältlich. In

der Floristik wird für Dekorationen gerne der so genannte Bouillon-Draht verwendet, der hauchdünn, leicht gewellt und in vielen sehr schönen Farben erhältlich ist.

Bereits vor Beginn der eigentlichen Arbeit sollten Sie festlegen, wie lang Sie Ihre Kette haben möchten und aus wie vielen Strängen sie bestehen soll. Der Draht muss dann etwa dreimal so lang abgewickelt werden. Wenn Sie beispielsweise eine sechssträngige Kette von 55 cm Länge haben möchten, rechnen Sie: 6 x 0,55 x 3 = 9,9.

❶ Legen Sie das Drahtende zur Schlaufe.

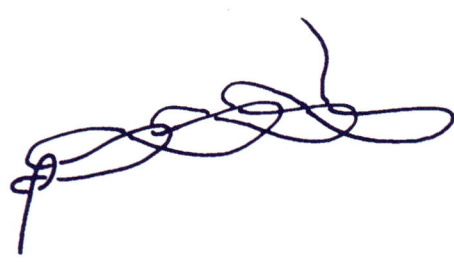

❸ Arbeiten Sie so Masche für Masche: ohne Perlen …

❷ Holen Sie mit Hilfe der Häkelnadel ein Stück Draht durch die Schlaufe und ziehen Sie den Knoten fest.

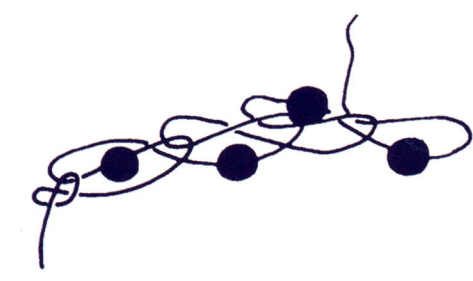

❹ … und mit Perlen.

Sie benötigen also knapp 10 m Draht. Bei Ihren ersten Ketten schneiden Sie ihn am besten in sechs gleich lange Stücke, das ist übersichtlicher, als wenn Sie den Draht in seiner gesamten Länge verarbeiten. Später können Sie ihn ganz belassen.

Entscheiden Sie jetzt, wie viele Perlen auf jedem Strang sitzen sollen. Ganz nach Geschmack können Sie die Perlen nämlich dicht an dicht aufreihen oder mit ihnen vereinzelte Akzente setzen. Fädeln Sie einen Vorrat der entsprechenden Menge Perlen auf den Draht – und zwar lieber zu viel als zu wenig. Es ist nämlich besser, nicht verwendete Perlen wieder zurückzuschütten, als plötzlich eine Lücke im Design zu ent-

decken. Haben Sie Ihre Vorbereitungen abgeschlossen, häkeln Sie jeden Strang mit einer Häkelnadel (Stärke 3,5 bis 5) zu Luftmaschen (Abb. 1 bis 4). Je nachdem, welche Anmutung Sie erzielen wollen, ziehen Sie diese Maschen fest oder belassen sie locker.

Wenn alle Stränge fertig sind, bündeln Sie sie und umwickeln die Enden fest mit Draht, sodass eine mehrsträngige Kette entsteht.

Legen Sie die Drahtspitzen zu Schlaufen, die Sie fest mit den Kettenenden verbinden. Mit Hilfe von silber- oder goldfarbenen Verbindungsringen befestigen Sie ein Verschluss-Set entsprechender Farbe an der Kette.

War doch gar nicht so schwer!

Verträumt

Märchenhaft ist nicht nur der Name dieses Modells: „Dornröschen". Auch die Optik wirkt ein wenig verwunschen. Ich wollte nicht gegen den relativ ungeschmeidigen Draht ankämpfen, sondern mir seine Eigenschaften zu Nutze machen. Keine glatten, geraden Linien, sondern sperriges Gewirr sollte entstehen: ein Rosengestrüpp wie im Märchen. Grundlage bot grün beschichteter Draht. Ich habe hier glatten Draht gewählt, Sie können aber auch Bouillon-Draht verwenden, der geriffelt ist und so noch „dorniger" wirkt. Stilisierte Rosenblüten werden durch Wachsperlen in warmem Lachsrosa, in Braun-Rot und in mit Gold durchsetztem Schwarz angedeutet.

Den letzten feminin-romantischen Schliff verleihen diesem Arrangement tiefrote Röschen aus Aluminium. Da das Modell in sehr warmen Farbtönen gehalten ist, habe ich für die Dornen als Grundfarbe Gold gewählt – in sich getwistete Glasstäbchen in zwei unterschiedlichen Längen. Das alles wurde in großzügigen Mengen auf gute sieben Meter (3 x 0,40 x 6 = 7,20 m) grünen Draht gefädelt, aus dem dann in Luftmaschen eine Rosenschnur entstand.

So wie sich Rosen ganz dicht an der Hausmauer emporranken, so sollte die fertige Kette halsnah anliegen. Deshalb wurde die Drahtschnur in sechs Stränge von nur je 40 cm Länge gelegt und an den Enden mit Draht zusammengebunden. Geschlossen wurde dieses tragbare Stück Poesie mit einem Karabinerverschluss in Gold.

Die Aluminium-Röschen gibt es in mehreren Farben. Fädeln Sie hingegen grüne Blätter aus Pressglas oder als Pailletten auf, können Sie auch eine Efeuranke wachsen lassen.

Himmlisch

Zugegeben, um eine solch wunderschöne Kette Ihr Eigen zu nennen, müssen Sie schon mehr tun, als mit ausgebreitetem Hemdchen darauf zu warten, dass sie vom Himmel fällt.

Die Kette „Sterntaler" ist ein bisschen aufwändiger als das vorhergehende Modell, denn die fertige Luftmaschenreihe wird nochmals gehäkelt. Obwohl die Kette nur aus einem Strang besteht, benötigen Sie, um sie in abgebildeter Art nachzuarbeiten, bei einer Gesamtlänge von 60 cm für die fertige Kette 5,40 m Draht (0,60 x 3 x 3 m).

Da die Sterntaler ursprünglich vom Himmel gefallen sind, habe ich mich für einen nachtblauen Draht als „Hintergrund" entschieden. Die goldfarbenen Perlen haben einen matten Grund und sind hochglänzend durchwirkt. Die indischen Glöckchen sind filigran gearbeitet.

Um die Glöckchen auffädeln zu können, müssen Sie sie innen mit einer Perle fixieren. Dazu ziehen Sie den Draht durch das Loch im Boden des Filigrans, führen ihn durch eine Goldperle und gleich wieder zurück durchs Glöckchen (Abb. 1). Ziehen Sie den Draht so straff, dass es

daran schön fest sitzt. Wenn Sie später während des Häkelns das Glöckchen auf dem Draht verschieben müssen, lockern Sie zunächst die Stopperperle (Abb. 2) und ziehen den Draht Stück für Stück in die gewünschte Richtung. Anschließend ziehen Sie ihn wieder fest an.

Für die Kette häkeln Sie zunächst wie gehabt eine lange Luftmaschenschnur. Daraus häkeln Sie dann wiederum eine Kette aus Luftmaschen und schließen diese mit Hilfe eines goldfarbenen Karabinerverschlusses.

Da Sie dieses kostbar aussehende Geschmeide wohl eher abends und zu besonderen Anlässen tragen werden, lohnt es sich, in gleicher Manier ein Paar Ohrhänger anzufertigen. Sollen diese eine endgültige Länge von etwa 4 cm haben, fädeln Sie pro Ohrring auf ein etwa 40 cm langes Stück Bouillondraht einige Perlen und Glöckchen. Häkeln Sie eine Luftmaschenschnur und verarbeiten Sie diese dann wie die Kette zum Ohrring. Hängen Sie die doppelt gehäkelte Schnur mit Hilfe eines Verbindungsringes in einen goldfarbenen Federhaken ein.

❶ Der Draht wird in der Glocke mit einer Goldperle fixiert, sodass diese sich nicht verschiebt.

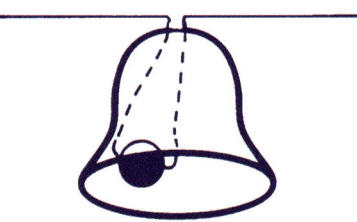

❷ Zum Verschieben des Glöckchens während des Häkelns wird die Stopperperle gelockert.

Aus Neptuns Reich

„Meine Frau, die Ilsebill, will nicht so, wie ich wohl will." Tja, hätte der Fischer sin' Fru mit so einer exklusiven Kette beglückt, wäre sie sicherlich schneller zufrieden gewesen. Nun, für die beiden ist es wohl zu spät, Sie aber haben noch alle Chancen, sich dieses wirklich herausragende Modell nachzuarbeiten.

Als ich anfing, mit Draht zu häkeln, fand ich bald heraus, dass bestimmte Wirkungen mit diesem, auch in seiner dünnsten Ausführung steifen Material einfach gar nicht oder mit nur unbefriedigendem Resultat zu erreichen sind. Es hätte wenig Sinn gemacht und nur zu Enttäuschungen geführt, sich Projekte vorzunehmen, bei denen eine Geschmeidigkeit des Materials gewünscht ist. Ich war also gezwungen, das Design und die Anmutung den Eigenschaften des Materials unterzuordnen.

Es wäre unbesonnen, sich zu grämen, wenn man beim künstlerischen Arbeiten an Grenzen dieser Art stößt. Vielmehr sollte man sie als Herausforderung an die eigene Imagination und Kreativität begreifen und sich über diesen neuen Impuls freuen.

Ein wirres, widerspenstiges Thema musste also her. Da fielen mir die grünen Fische aus gefrostetem Pressglas in die Hände und sofort entstand in mir das Bild pfeilschneller Stinte in einem trüben Gewässer, in dem bedrohlich Algen wuchern. Mysteriöse Unterwasserwelt!

Als Basis dieses Szenarios wählte ich gut 9 m grünen Draht, den ich mit großen Mengen Rocailles in allen Schattierungen der kalten Blau-, Grün- und Türkisskala bestückte. Dazwischen fädelte ich einige Fische in Giftgrün. Damit die Stränge tatsächlich die Form langer Wassergräser bekamen, gab ich vor allem kleineren Perlen den Vorzug und häkelte außerdem in extra losen Maschen. Um meinem Konzept gerecht zu werden, ließ ich die sechs Stränge einander umschlingen, bevor ich sie zur Kette „De Fischer un sin' Fru" bündelte.

Ihre Kette ist ein wenig schief und krumm geworden, die Maschen sind nicht gleich groß? Das macht doch überhaupt nichts! Ich bin zwar ganz bestimmt nicht der Meinung, dass man handwerkliche Fehler in jedem Fall als „künstlerische Freiheit" akzeptieren muss. Andererseits ist aber auch die glatte, gesichtslose Perfektion nicht erstrebenswert. Es handelt sich nun einmal nicht um maschinell hergestellte Massenware, sondern um ein handgefertigtes Unikat, das eben seine kleinen Eigenheiten und damit einen ganz individuellen Charakter besitzt.

Mit
Fingerspitzengefühl

Dieser Stil ist etwas für Kenner – und zugegebenermaßen auch für Könner, denn die Technik erfordert Übung im Umgang mit Perlen und vor allem sehr viel Geduld. Nicht nur deshalb sind gefädelte Armreifen ein ideales Urlaubsprojekt: Sie haben viel Zeit und an Material benötigen Sie außer den Perlen nur noch Nadel und Faden. Ein Bastelset für die Hosentasche!

Bei dieser Gelegenheit möchte ich betonen, dass ich von dem oft gemachten Vorschlag gar nichts halte, Rocailles in Sortierkästen aus dem Baumarkt aufzubewahren. Da können Sie nämlich nicht „mal eben" eine Farbe mitnehmen, wenn Sie unterwegs weitermachen wollen. Die Perlen können auch viel zu leicht von einem Fach ins nächste kugeln.

Vor allem aber unter kreativen Gesichtspunkten finde ich es ungeschickt, Farben fest nebeneinander zu platzieren, wie es in solchen Fächern der Fall wäre. Ich bewahre meine Perlen Sorte für Sorte getrennt in Gläsern und transparenten Schachteln auf, die ich für den Entwurf eines

neuen Modells beliebig hin und her schieben kann. So lassen sich schon vor Arbeitsbeginn Farbkombinationen beurteilen. Jedes Gläschen ist einzeln verschlossen, sodass es keine Katastrophe wäre, falls es einmal umfallen sollte. Achten Sie auch darauf, dass die Gläser groß genug sind; es gibt kaum etwas so entnervendes wie ein Tütchen mit einem Perlenrest, das einem überall im Weg ist, bis es versehentlich ausgekippt wird.

Die gefädelten Armbänder entstehen nach dem Prinzip der Strickliesel: Sie bauen sich Runde für Runde auf, indem eine Runde Perlen zwischen die vorhergehende gefädelt wird. Das fertige Armband besteht also nur aus Perlen, Perlen, Perlen. Dass sie davon große Mengen benötigen, sollten Sie von vornherein einplanen. Für einen schlichten Schlauch aus Rocailles von 2–2,5 mm Durchmesser sollten Sie bei einem rund 3–4 cm breiten Armband 70 bis 80 g Perlen einplanen. Besteht Ihr Armband aus mehreren Farben, teilen Sie diese Menge entsprechend auf. Damit Ihnen nicht ständig der Arbeitsfaden ausgeht, schneiden Sie ungefähr zwei Armlängen ab. Fädeln Sie den Faden doppelt ein und verknoten Sie ihn.

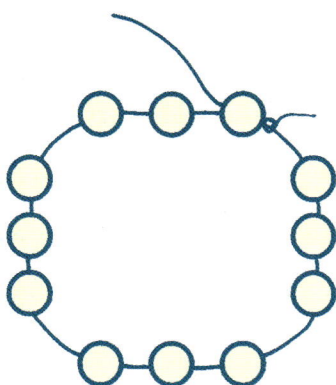

❶ **Der Ring (mit 17 Perlen!) wird geschlossen.**

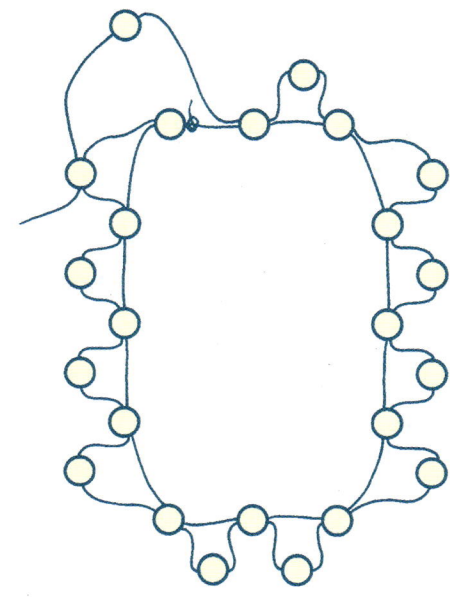

❷ **Schema für den Beginn der dritten Reihe: Die erste Perle liegt genau über der der ersten Reihe.**

Zunächst legen Sie die Breite Ihres Armbandes fest. Soll es, wie bei dieser Arbeit, knapp 4 cm breit sein, fädeln Sie 17 Rocailles auf. Wenn Sie die größeren Indianerperlen verwenden, beginnen Sie mit entsprechend weniger, nämlich etwa 11 bis 13 Stück. Schließen Sie die Reihe zum Ring, indem Sie erneut durch die erste Perle stechen (Abb. 1). Ziehen Sie den Perlenring locker zu, und zwar so, dass die nächste Perlenrunde noch mühelos dazwischen gefädelt werden kann.

Nun fädeln Sie jeweils zwischen zwei Perlen der ersten Runde eine weitere, bis Sie am Ende der Reihe angekommen sind (Abb. 2). Sie haben jetzt einen Ring aus 33 Perlen (17 Perlen Grundrunde, 16 Perlen erste Runde).

Die Perlen der dritten Runde fädeln Sie in die Lücken der zweiten. Damit liegt die dritte Runde genau über der ersten. Ziehen Sie den Faden et-

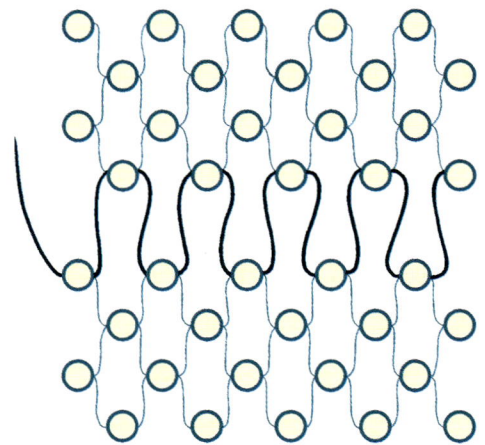

❸ Für ein geschlossenes, ringförmiges Armband werden die Schlauchenden miteinander vernäht.

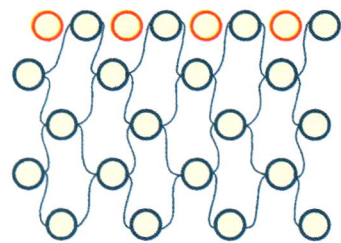

❹ Für ein offenes Armband legen Sie den Schlauch so, dass die Perlen der letzten Reihe ineinander greifen.

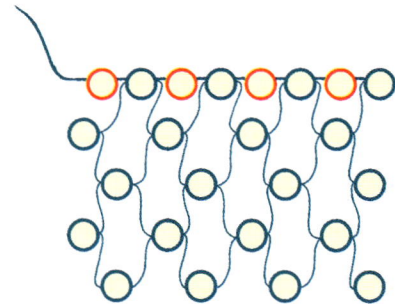

❺ Das Ende des Schlauches vernähen Sie mehrmals zu einem glatten Abschluss (ebenso am anderen Ende).

was stramm, dann richten sich die Perlen wie kleine Türmchen auf, und Sie können Runde für Runde wie beschrieben weiterarbeiten. Es entsteht ein Perlenschlauch.

Geht Ihnen zwischenzeitlich der Faden aus, fädeln Sie einfach einen neuen ein, den Sie mit einem möglichst dicken Schlussknoten versehen. Führen Sie die Nadel auf der Innenseite des Schlauches durch einige Perlen, bis Sie am Endpunkt des auslaufenden Arbeitsfadens ankommen. Nun verknoten Sie den alten und den neuen Faden so fest wie nur möglich miteinander. Achten Sie darauf, dass alle Knoten oder Fadenenden stets auf der Innenseite des Schlauches verbleiben.

Und weiter geht's – bis Ihr Schlauch etwa 20 cm lang ist. Die endgültige Länge richtet sich nach dem Umfang Ihres Handgelenks. Der zum Ring geschlossene Schlauch muss sich mühelos über Ihre Hand streifen lassen.

Ist der Schlauch lang genug, legen Sie die erste und letzte Perlenrunde auf Lücke aneinander und schließen die Arbeit mit dem Matratzenstich, auch „Mäanderstich" genannt (Abb. 3).

Es ist auch möglich, den Schlauch nicht zum Ring zu schließen, sondern ihn in Form eines Streifens zu belassen. Er wird dann zugeknöpft. In diesem Fall kann der Schlauch ruhig kürzer sein; etwa 17 bis 18 cm lang. Zum Ausarbeiten legen Sie ihn plan hin, und zwar so, dass die letzte Perlenreihe auf Lücke ineinander greift (Abb. 4). Nähen Sie nun die offene Schmalseite zu, indem Sie immer abwechselnd durch eine Perle der oberen Schlauchhälfte und eine Perle der unteren Schlauchhälfte fädeln (Abb. 5). Für mehr Stabilität sorgen Sie, indem Sie diesen Arbeitsschritt mehrmals wiederholen. Die andere Schmalseite des Schlauches arbeiten Sie ebenso. Damit Sie den so entstandenen massiven Perlenstreifen um Ihr Handgelenk schließen können, nähen Sie an einer Schmalseite eine oder zwei Großperlen als Knöpfe an. An der gegenüberliegenden Seite arbeiten Sie entsprechend ein oder zwei Perlenschlaufen. Wie das geht, erläutere ich Ihnen ausführlich, wenn wir zu den gestickten Armbändern kommen.

Das Armband zum Zuknöpfen empfiehlt sich besonders, wenn Sie absehen können, dass Ihnen allmählich die Perlen ausgehen und Sie einige Zentimeter Länge einsparen müssen. Oder wenn Sie das Schmuckstück anschließend verschenken möchten und nicht sicher sind, ob es zum Reifen geschlossen über die Hand der Beschenkten passen würde.

Abgesehen von diesen „arbeitstechnischen" Aspekten ist diese Methode aber auch dekorativer, denn schließlich wird das schöne Band um zwei tolle Eyecatcher bereichert. Beim Armband mit den „Gefüllten Herzen" (Schema III auf Seite 61) wiederholt sich das satte Blau des Untergrundes und das feurige Rot der Herzchen in entsprechenden Cloisonné-Perlen, die als Verschluss dienen. Gefüllt wird jedes Herzchen mit winzigen Wachsperlen in silbrigem Perlmutt, aus denen auch jeweils ein zweireihiger Abschluss sowie die Verschluss-Schlaufen angefertigt werden.

Gefädelte Armreifen können Sie einfarbig aus Perlen in Ihrem Lieblingston arbeiten. Als besonders attraktiv sind hier Silverline-Perlen hervorzuheben. Das Fädelgeflecht bietet aber auch eine hervorragende Grundlage, um mit vielen verschiedenartigen Mustern ausgestaltet zu werden. Am einfachsten sind Längsstreifen, die ich Ihnen für Ihren ersten Versuch empfehlen möchte, denn sie schließen jede Verwirrung von vornherein aus und „leiten" Sie durch die Arbeit. Um perlenschmale Längsstreifen zu arbeiten, fädeln Sie die erste Runde in einer Farbe auf; im abgebildeten Fädelschema ist das Türkis.

▲ Schema I: Längsstreifen

Dazwischen fädeln Sie die zweite Runde in der zweiten Farbe; hier ein warmes Goldgelb. Die dritte Runde fädeln Sie in Türkis, die vierte in Goldgelb und so weiter. Bei diesem Fädelschema liegen also jeweils die Perlen einer Farbe ordentlich übereinander (Schema I). Sie werden feststellen, dass dieses Muster nach einer geraden Anzahl Perlen pro Runde verlangt (15 Perlen Türkis, 15 Perlen Gold = 30 Perlen für den gesamten Schlauchumfang). Grundsätzlich verläuft der gesamte Schlauchring aber immer über eine ungerade Zahl von Perlen, sodass spiralenförmig und ohne Übergang von Runde zu Runde gearbeitet werden kann (Abb. 6).

Nun gibt es aber bestimmte „grafische" Fädelmuster mit einem Rapport, für den eine gerade Anzahl Perlen unerlässlich ist. Das ist weiter kein Problem, Sie müssen nur beim Fädeln mit einem kleinen Trick von einer Runde in die nächste gelangen. Und der geht so: Wenn Sie einen Schlauch mit ungerader Perlenzahl fädeln, arbeiten Sie spiralenförmig von Runde zu Runde, ohne an ein Ende zu gelangen. Arbeiten Sie einen Schlauch mit gerader Zahl, treffen Sie am Ende jeder kompletten Runde wieder auf die erste Perle, die auf gleicher Höhe mit der letzten Perle ist. Sie müssen sich dann in die nächste

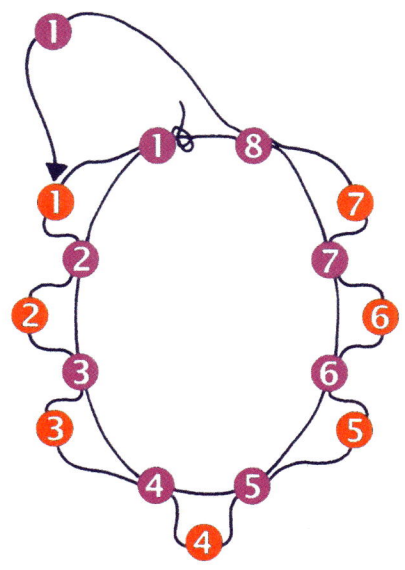

6 Wechseln sich gerade und ungerade Perlenzahl ab, so liegen die Perlen der jeweils übernächsten Runde passgenau über denen der vorletzten Runde.

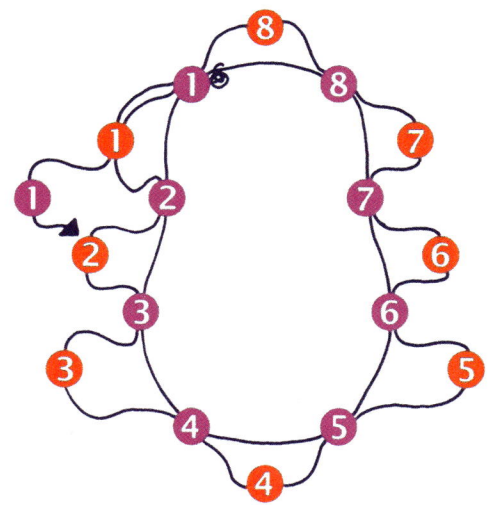

7 Bei einer geraden Anzahl Perlen wird die erste Perle der nächsten Runde stets zwischen die erste und zweite Perle der letzten Runden gefädelt.

Runde mogeln, indem Sie Nadel und Faden nicht nur durch die letzte Perle, sondern auch nochmals durch diese erste Perle der Vorrunde führen (Abb. 7). Als wäre das nicht schon kompliziert genug, verschiebt sich dieser Vorgang auch noch in jeder Runde um eine Perle in Fädelrichtung. Ein kleiner Trost dürfte sein, dass das, was Ihnen hier vielleicht etwas verwirrend erscheint, sich in der Praxis fast von selbst ergeben wird. Versprochen!

Längs- und Querstreifen zu arbeiten ist ganz einfach. Sie haben aber auch die Möglichkeit, kleine Motive einzufädeln.

Vor allem für Ihre ersten Versuche und auch bei sehr komplexen Designs zeichnen Sie sich am besten ein Schema vor. Da die Perlen beim Fädeln jedoch versetzt übereinander stehen, können Sie hierfür leider kein Kästchenpapier verwenden, denn dessen Karos liegen ja parallel zueinander. Am besten zeichnen Sie einmal auf ein Blatt Karopapier ein versetztes Grundraster, wie es auch den abgebildeten Fädelschemas zu Grunde liegt. Das fotokopieren Sie dann mehrmals, um anschließend die Kästchen mit Buntstiften auszumalen.

Weil es gerade zu Anfang nicht immer einfach ist, sich ein Design auszudenken und in Kästchenform umzusetzen, gebe ich Ihnen hier einige Entwürfe, die Sie einzeln oder in Kombination mit Ihren Ideen umsetzen können. Da finden Sie verspielte kleine Streumotive wie Blüten (Schema II) oder die „Gefüllten Herzen" und „Sterne" (Schema III). Über Türkiswellen gleiten Segelboote mit rot-gelben Segeln (Schema IV). Dass die Möwen dieses maritimen Szenarios dann im Motiv „Kakteenwüste" (Schema V) zu Geiern mutieren, wird Sie sicherlich nicht weiter stören. Auch einige grafisch-ethnologische Designs sind dabei, die Sie nach eigenem Geschmack weiter ausarbeiten können.

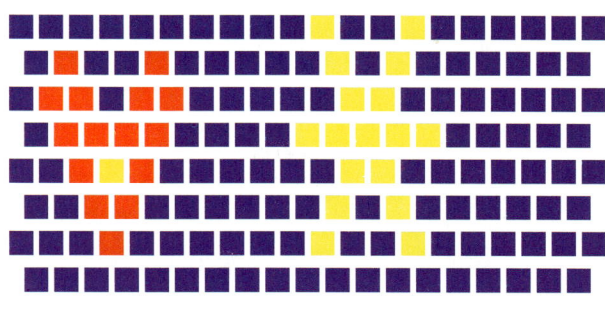

▲ Schema III: Gefülltes Herz und Stern ←

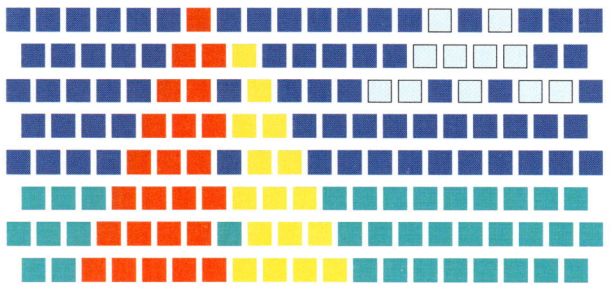

▲ Schema IV: Segelboot ←

▲ Schema II: Blüte ←

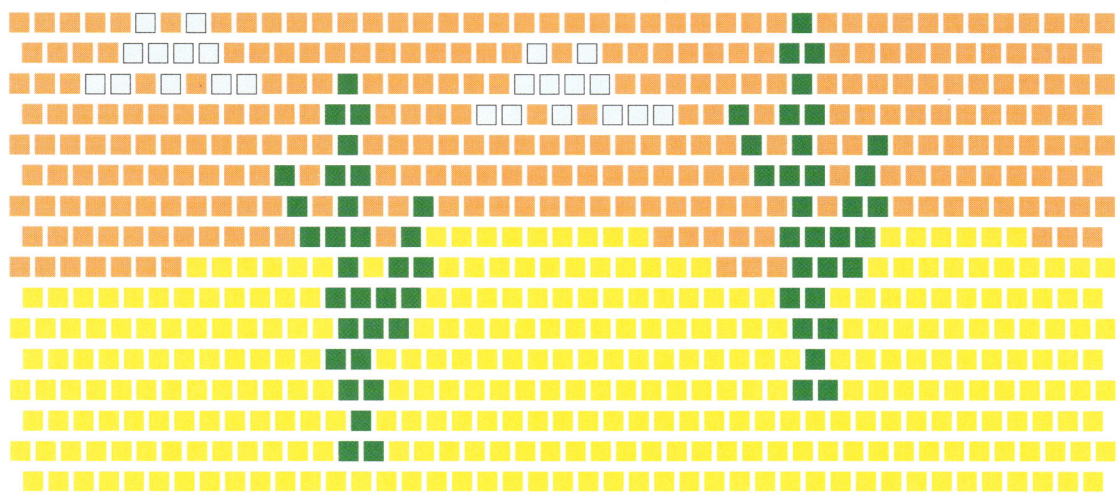

▲ Schema V: Kakteenwüste

← Fädelrichtung

Regenbogen

Ganz einfach ist ein diagonaler Farbverlauf, wie Sie ihn auf dem Foto auf dieser Seite unten rechts sehen. Man kann so einen spiralförmigen Farbverlauf in zwei, drei oder mehr Tönen anlegen. Ich habe ihn in Form eines schillernden Regenbogens aus gelüsterten Rocailles gearbeitet. Für den Fall, dass Sie das auch mal probieren wollen, erkläre ich Ihnen jetzt, wie's geht. Von einer gesamten Schlauchbreite von 33 Perlen ausgehend fädeln Sie in der Start-

runde 17 Perlen auf, und zwar 2 in Gelb, und dann nochmals je 3 in Orange, Rot, Violett, Blau und Grün. Dazwischen fädeln Sie in der zweiten Runde 16 Perlen, und zwar 2 in Gelb, 3 in Orange, Rot, Violett, Blau und 2 in Grün auf. Und jetzt fädeln Sie einfach weiter und achten dabei darauf, die Farbfolge in jeder Runde um eine Perle nach links zu versetzen (Schema VI). Es wäre übrigens ganz prima, wenn es Ihnen gelänge, den Schlauch genauso lang zu machen, dass die Farben beim Schließen desselben exakt

▲ **Schema VI: Regenbogen** ◀

eines der Prunkstücke meiner Kollektion: Seine Farben sind dezent und sein zarter Schimmer passt zur formellen Tagesgarderobe ebenso wie zur mondänen Abendrobe.

Tora Tora Tora

Tiger Tiger Tiger – ihm würde so mancher gerne das prachtvolle Fell mit der plakativen Schwarz-Gelb-Musterung abziehen. Ein tierfreundlicher Weg führt Sie beim Fädeln dieses populären Designs zum Ziel. Auf dem Armband, das Sie auf dem Bild auf Seite 62 oben rechts sehen, habe ich die schmal auslaufenden Streifen quer zur Fädelrichtung ausgelegt (Schema VII). Sie finden außer dieser Vorlage aber auch noch einen Fädelplan, bei dem die Streifen längs verlaufen (Schema VIII). Sollten Sie sich nicht so recht für einen der beiden Verläufe entscheiden können, fädeln Sie doch einfach von beiden Entwürfen jeweils ein Modell und tragen Sie sie dann als exotisches Duo. Der große Auftritt ist garantiert!

Tierfellen nachempfundene Muster sind in der Modewelt ein Dauerbrenner. Da ist es fast ganz

aufeinandertreffen. Es ist natürlich kein Drama, wenn das nicht gelingt. Sie tragen dann die Nahtstelle einfach an der Innenseite des Handgelenks, wo sie nicht so auffällt. Dieses Armband ist trotz seiner schlichten Arbeitsweise

▲ **Schema VII: Tora, Tora, Tora : längs gestreifter Tiger** ◀

▲ **Schema VIII: quer gestreifter Tiger** ◀

▲ Schema IX: Zebra

▲ Schema X: Giraffe

gleich, ob es sich dabei um Zebras (Schema IX) oder Giraffen (Schema X) handelt. Ich habe hierfür schon einige Muster begonnen. Wie Sie sehen, sind sie recht einfach. Sie können also leicht auf Ihrem Fädelplan weitermachen und erhalten so Ihr ganz individuelles Fell.

Mein Tipp: Wenn Sie es originell und spaßig mögen, können Sie zu einem im Kuhfell-Design gefädelten Armband einen quietsch-rosafarbenen „Pulswärmer" arbeiten – in Anlehnung an die Farbe des Euters!

Hahnentritt

Not macht bekanntlich erfinderisch und so ist der goldene „Pulswärmer" bei diesem Armband (Foto Seite 62, oben links) in erster Linie eine Notlösung gewesen, weil mir die Perlen des Musters auszugehen drohten.

Ich habe also die letzten Zentimeter aus winzigen, goldfarbenen Wachsperlen von 2 mm Durchmesser gefädelt. Sie vervollkommnen auf elegante Weise das klassische Pepitamuster

(Schema XI), das ich in gelüsterten Perlen in Weiß und Anthrazit angelegt habe. Weil mich das Ergebnis überzeugte, habe ich das Element des „Pulswärmers" bei meinen Armbändern noch häufig aufgegriffen.

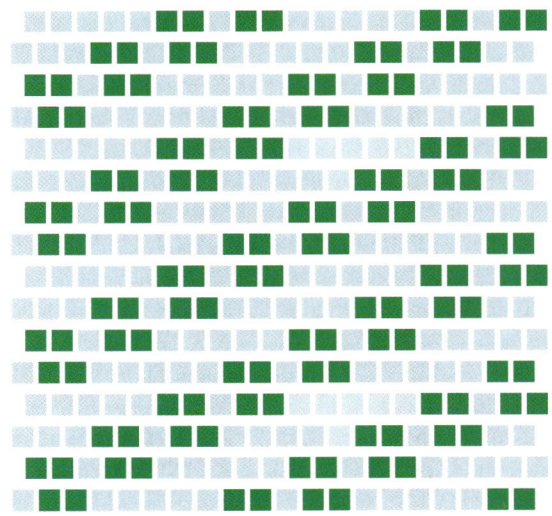

▲ Schema XI: Hahnentritt

64

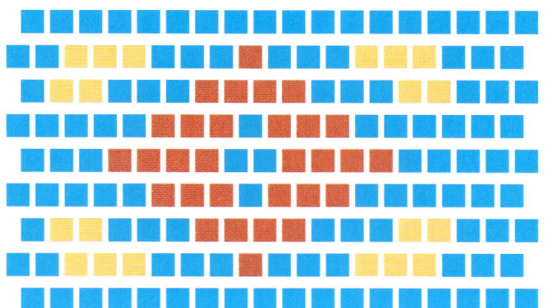

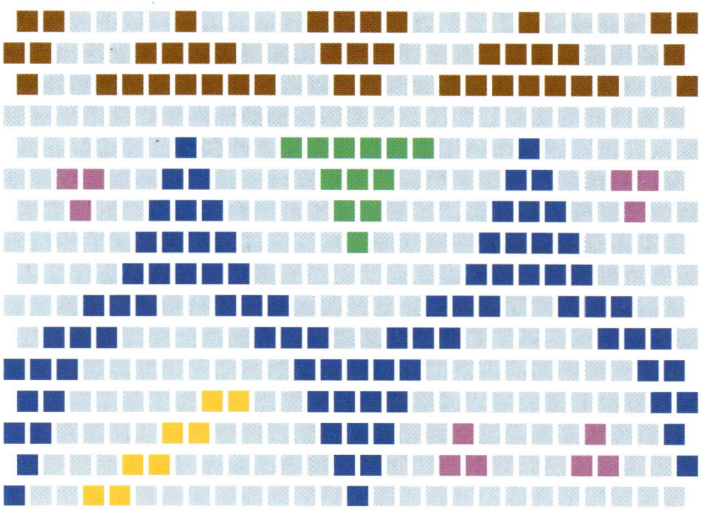

▲ Schema XII: Dieses schlichte, aber wirkungsvolle Muster eignet sich besonders für eigene „indianische" Designs.

▶ Schema XIII: Dieses Muster für eigene „ethnologische" Designs ist komplizierter.

(Fädelrichtung jeweils von rechts nach links)

.Squaw

Auch die Herzen vieler europäischer Squaws, die sich gemeinhin mit Hilfe von mehr als einer Pferdestärke fortbewegen, sind mit einer Kombination aus kühlem Türkisgrün, warmem Tintenblau und schillerndem Silber zu erobern. Auf dem Armband, das auf Seite 62 links unten abgebildet ist, habe ich diese Farbtöne in grafischen, geometrischen Mustern angeordnet, sodass ihr spannender farblicher Kontrast gut zur Geltung kommt.

Für den Fall, dass Sie Ihr eigenes indianisches Design entwerfen wollen, habe ich Ihnen einige Fädelmuster vorbereitet, die Sie individuell abwandeln können (Schemata XII und XIII). Hugh!

Vichy

Hinübergerettet aus dem „New Look" der 50er-Jahre habe ich dieses kleine Karo in Pastelltönen (Foto S. 62, Mitte). Es wird das Lieblingsaccessoire derer werden, für die meine farbintensiven Modelle nicht ohne weiteres tragbar sind. Es passt zum feinen Pullover ebenso gut wie zum

Business-Kostüm. Grafisch streng werden perlmuttglänzende Perlen in pudrigem Rosé, zart glitzernde Silverline in Flieder, gelüsterte Rocailles in Weiß und ein Perlenmix aus gelüsterten Perlen in Pastell in Karos nebeneinander angeordnet (Schema XIV). So entsteht ein konservatives Design von unaufdringlicher Klasse. Very ladylike!

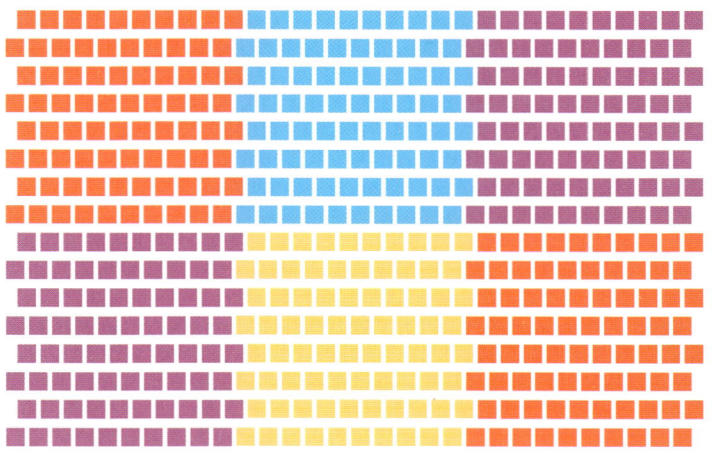

▲ Schema XIV: Vichy

Von Kugeln
und Stacheln

Sind Sie auch der Meinung, dass gefädelte Armreifen einfach hinreißend aussehen? Dann wird es Sie wahrscheinlich ziemlich verblüffen, dass man „noch eins draufsetzen kann" – im wahrsten Sinne des Wortes.

Eine sehr mondäne Wirkung erzielen Sie, wenn Sie zum Grundton Ihres Armbands passende Großperlen mit einfädeln. Gut geeignet sind hierfür Wachsperlen von etwa 6 mm Durchmesser oder auch kleine Cloisonné-Perlen. Übertreiben Sie es aber nicht, zu große und schwere Perlen strapazieren den Faden zu sehr, sodass er auf Dauer reißen könnte.

Obwohl es so wirkt, als ob die Perlen nachträglich aufgesetzt wurden, werden sie in Wirklichkeit von Anfang an mit eingefädelt. Beginnen Sie nach einigen Runden Fädelarbeit mit der ersten Bestückung. Dazu fädeln Sie eine große Effektperle und darüber eine kleine Stopperperle auf. Führen Sie dann die Nadel wieder durch die Effektperle hindurch und schieben Sie diese ganz dicht an den Perlenschlauch heran (Abb. 1). Fädeln Sie jetzt Perlen in die folgenden zwei Lücken und arbeiten Sie anschließend die nächste Effektperle ein. Achten Sie darauf, dass Sie die Effektperlen nur auf der späteren Außenseite des Armreifens einarbeiten.

Ob Sie die Effektperlen ziemlich dicht aneinander setzen oder eher großflächig verteilen, bleibt ganz Ihrem Geschmack überlassen. Ebenso die Frage, ob die Stopperperle passend zum Perlenschlauch oder hierzu kontrastierend ausgewählt wird. Beim roten Armreifen mit Goldperlen „Sangre" sind die Stopperperlen wahllos aus einem kunterbunten Farbsortiment an Silverlines herausgegriffen (Foto Seite 67).

Setzen Sie Effektperlen besser nur auf einfarbigen Armreifen ein. Wenn das Fädelwerk selbst ebenfalls gemustert wäre, könnte das Armband leicht überladen und kitschig wirken. Wenn Sie unbedingt mehr Farbe ins Armband bringen wollen, bestücken Sie lieber ein einfarbiges Fädelwerk mit kunterbunten Wachsperlen und setzen dazu noch besondere Akzente mit einigen unregelmäßig eingearbeiteten Cloisonné- oder Emailperlen.

Die benötigte Menge Effektperlen hängt davon ab, wie dicht Sie diese setzen wollen. Sie sollten etwa 100 Stück einplanen.

Ist ein schlicht gefädelter Armreifen bereits ein sehr exklusives Schmuckstück, wird er durch Einfädeln von Effektperlen zu einer kleinen Sensation! Außer mit Großperlen kann man auch mit Glasstäbchen eine irre Wirkung erzielen.

Sie arbeiten zunächst einige Runden, wie oben beschrieben. Um einen „Stachel" in die Runde zu arbeiten, fädeln Sie ein Stäbchen auf, anschließend eine Stopperperle (Abb. 2).

Fixieren Sie den „Stachel", indem Sie die Nadel durch das Stäbchen zurückführen. So bleibt die Perle als Stopper am Stäbchenende (Abb. 3, Seite 68). Fädeln Sie die nächste Perle auf, um in

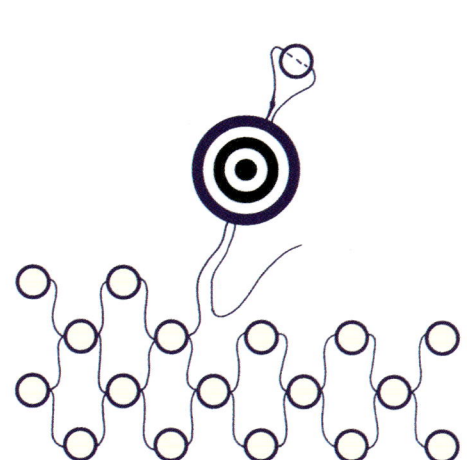

❶ Eine Effektperle wird eingearbeitet.

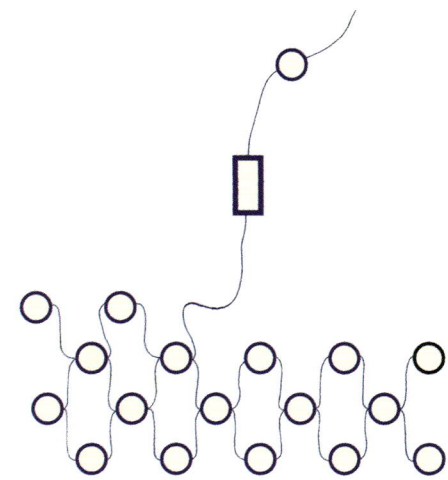

❷ Ein „Stachel" aus Stäbchen und Stopperperle

67

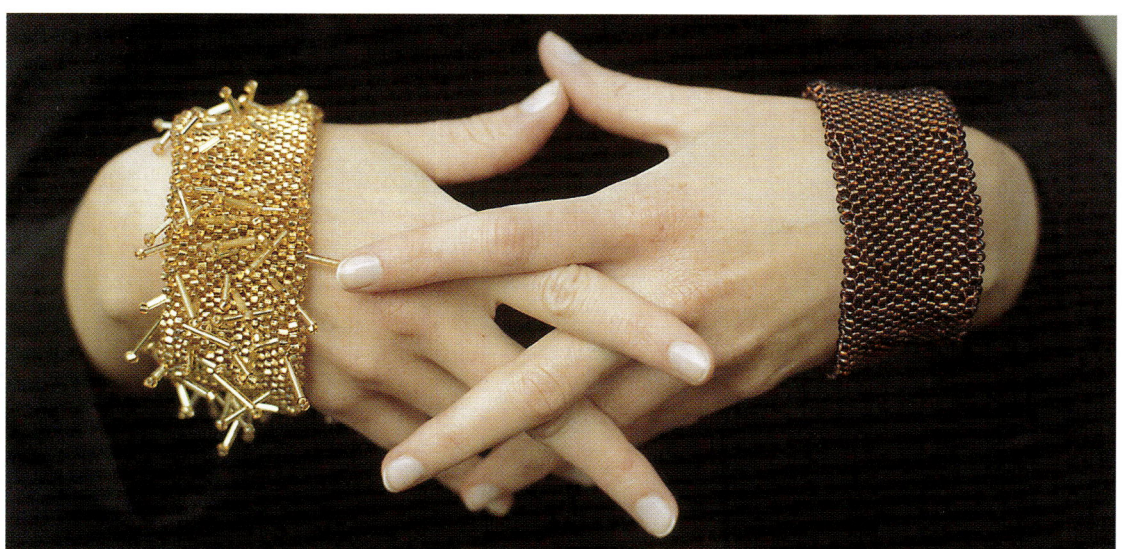

Das Armband „Stacheldraht Gold" (links) und „Kupfer" (rechts)

Runden fortzufahren (Abb. 4). Das nächste Stäbchen arbeiten Sie nach ein bis zwei weiteren Perlen ein. Wichtig ist, dass Sie die Stacheln nur auf der Seite Ihres Armbandes einarbeiten, die später außen getragen wird.

Die Runde nach der „Stachelrunde" wird wie gehabt gefädelt. In die Lücke über dem Stäbchen setzen Sie in der folgenden Runde einfach eine Perle. Geschlossen wird der Schlauch wie bei den glatt gefädelten Modellen. Je nachdem,

wie viele Stacheln Sie einarbeiten wollen, rechnen Sie mit einem Stäbchenverbrauch von 15 bis 20 Gramm.

Die bereits beim Modell „Hahnentritt" erwähnten „Pulswärmer" setze ich bei Stachelarmbändern besonders gerne ein; sie bringen etwas Ruhe ins Design. Modemutig ist ein „Pulswärmer" in einer kontrastierenden Farbe. Hierzu können Sie meine Ausführungen zu Farbkontrasten am Anfang dieses Buches heranziehen.

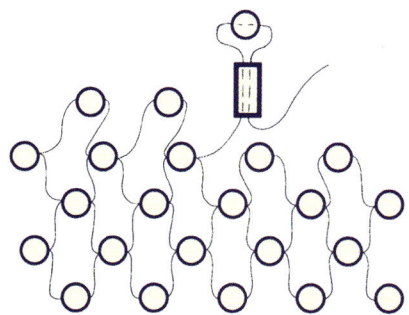

❸ Der Faden geht zurück durch das Stäbchen ...

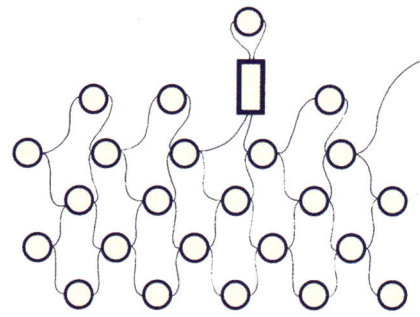

❹ ... und fädelt weitere Perlen auf.

68

Gestalterischer Perfektion nähern wir uns durch ein spannungsreiches Zusammen- und Wechselspiel zwischen Perlenschlauch, Stacheln, Stopperperlen und „Pulswärmer". So haben beim Armband „Blö" die Scarabé-Perlen des Schlauches denselben warmen Lavendelton wie die kurzen, gelüsterten Stäbchenperlen. Als Akzente sind diese mit Perlen fixiert, die aus einer kunterbunten Perlenmischung nach dem Zufallsprinzip entnommen wurden. Dass der „Pulswärmer" ebenfalls aus dieser Mischung gearbeitet wurde, rundet das Design stimmig ab.

Genau andersherum bin ich beim Armreifen „Fiesta" verfahren, der mit seinem blasierten Charme an der Spitze meiner Lieblingsmodelle steht. Der Schlauch ist sehr breit aus transparenten Silverline-Rocailles gefädelt, die an die Optik von Diamanten erinnern. Besetzt ist er kunterbunt mit gelüsterten Stäbchen, die wiederum „diamantene" Köpfchen aufweisen. Dieses Modell ist ein schönes Beispiel dafür, dass neben der Wahl der Perlenqualität, des Einfädelmusters und der aufgesetzten Eyecatcher auch die Breite des Perlenschlauches großen Einfluss auf dessen Anmutung hat. Armreifen aus breiten Schläuchen wirken immer mondäner als die schmalen, dezenten Modelle.

Raffinesse „auf den zweiten Blick" erreichen Sie, wenn Armreifen und „Pulswärmer" aus Perlen desselben Farbtons, aber anderer Qualität gefädelt sind. So würde zum Beispiel bei einem Armband aus matten Perlen der „Pulswärmer" zwar in derselben Farbe, aber gelüstert oder silverlined ausfallen.

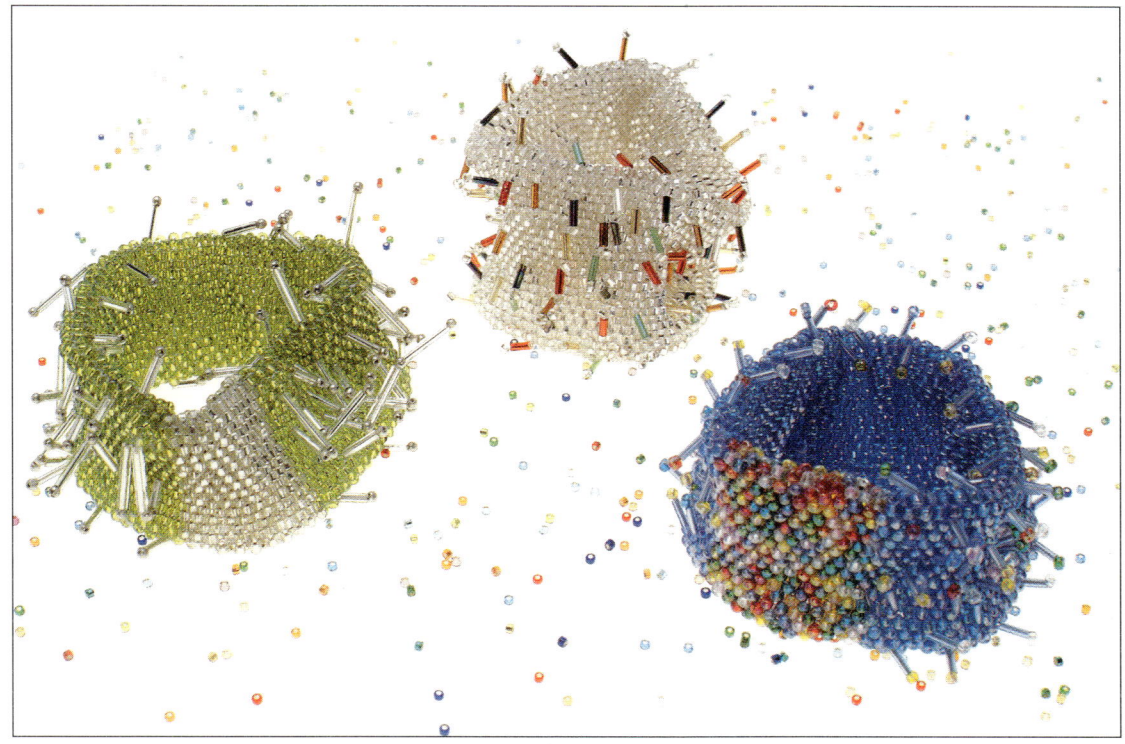

Noch mehr stachlige Armbänder: „Stacheldraht" (links), „Fiesta" (Mitte) und „Blö" (rechts)

69

Hier ist der
Wurm drin

Neben Großperlen und Stäbchen lassen sich auch ganze Perlenreihen auf die Armreifen setzen. Um diese kleinen „Würmchen" aus dem Armband kriechen zu lassen, fädeln Sie statt des Stäbchens einige kleine Perlen auf, abschließend führen Sie die Nadel auch hier durch eine Stopperperle (Abb. 1). Um das „Würmchen" zu fixieren, führen Sie die Nadel dann durch die kleinen Perlen zurück zum Schlauch und arbeiten, wie beim Stachelarmband beschrieben, weiter. Wenn die Perlenreihen wirklich an Würmer erinnern sollen, müssen Sie als Stopper Perlen mit etwas größerem Durchmesser wählen; sind die „Würmer"-Perlen 2 mm groß, sollte die Größe der Stopper 3 oder sogar 4 mm betragen. Wachsperlen eignen sich hierfür gut, weil sie trotz ihres großen Durchmessers über eine verhältnismäßig kleine Bohrung verfügen.

Die „Würmchen"-Armbänder dieser Seiten stehen beispielhaft für das spannungsreiche Zusammenspiel leichter Kontraste. Die Perlenschläuche sind in matten, hellen Tönen gehalten, sodass die Würmer aus funkelnden Silverlines gut zur Geltung kommen. Das strahlende Weiß der Köpfchen aus Wachsperlen wiederholt sich beim braunen Armreifen in den tropfenförmigen Verschlüssen, beim grünen in den feinen Streifen entlang des „Pulswärmers".

Zum Schluss noch eine gute Nachricht: Sollte bei einem der mühevoll erfädelten Kleinode eines Tages der Faden reißen – dann passiert gar nichts! Es entsteht ein glatter Riss, den Sie mit Matratzenstich (Abb. 3 auf Seite 58) einfach wieder flicken können. Da die Perlen auf Lücke gefädelt sind, werden sie sowohl von der einen als auch von der anderen Seite gehalten!

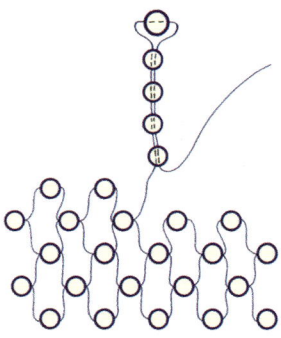

❶ **Der Faden führt durch die Perlenreihe des „Würmchens", durch die Stopperperle und wieder zurück.**

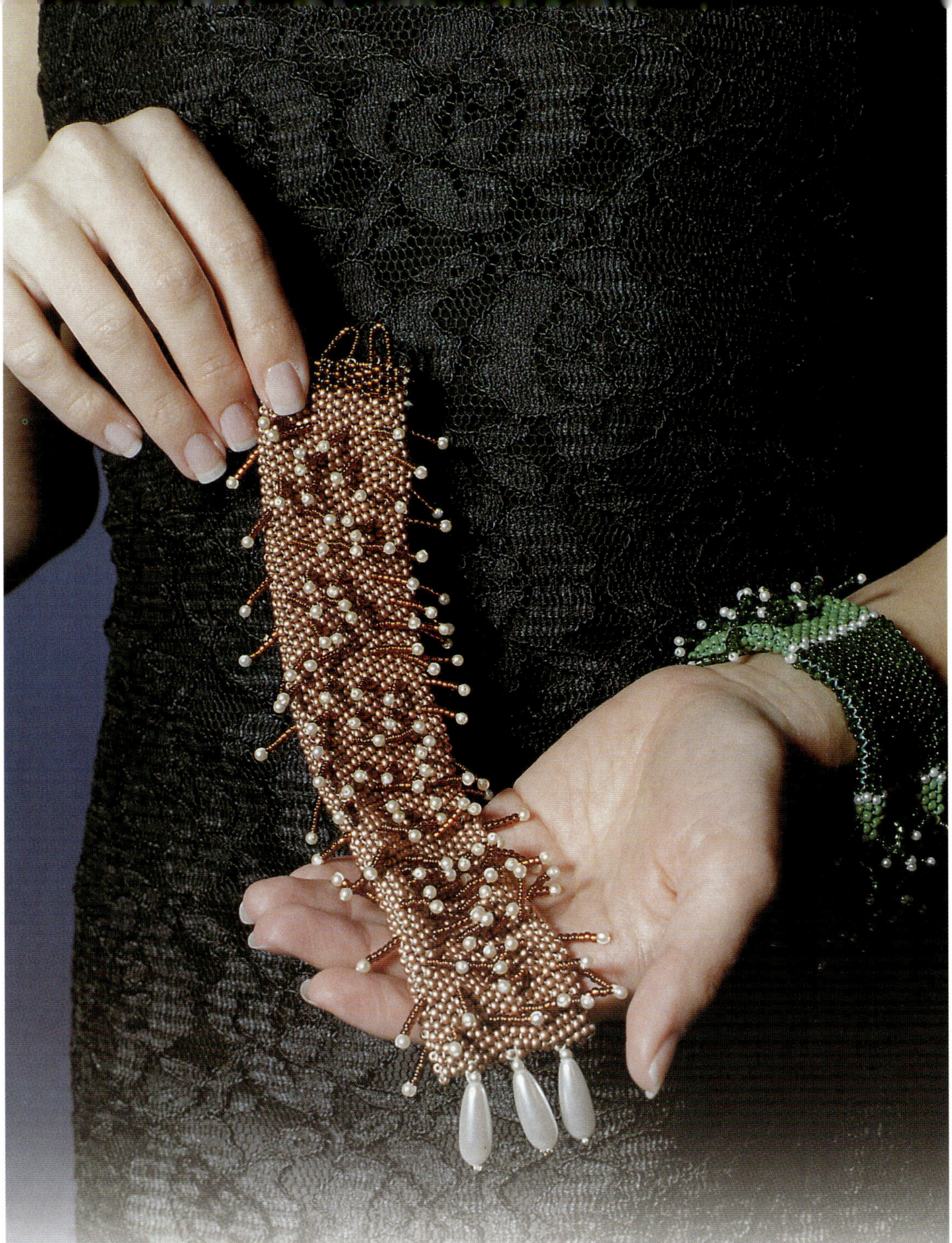

Gewebtes
Geschmeide

Das Weben ist wohl eine der geläufigsten Arten des Arbeitens mit Perlen, denn diese Technik bietet jedem optimale Möglichkeiten. Auch für den Anfänger leicht nachvollziehbar, können so in kurzer Zeit nette, kleine Schmuckbändchen entstehen. Der Könner kreiert dann schon eigene Einwebmuster, kombiniert kleine und große Perlen und komponiert aus Rocailles und Stäbchen filigranes Geschmeide.

Hier fällt nichts
aus dem Rahmen

Das Weben von Perlen ist ein hervorragendes Beispiel dafür, dass das Arbeiten in uralten Techniken keineswegs zu immer gleichen, leicht angestaubten Ergebnissen führen muss. Denn seien wir ehrlich: Die Frage „Hast du das selbst gemacht?" ist nicht zwangsläufig als Kompliment zu verstehen …

Sehen Sie deshalb die Technik eines Kunsthandwerks als Möglichkeit an, ganz nach eigenem Geschmack und den jeweiligen Wünschen gestalterisch zu arbeiten. Selbst schuld, wer dann

auch nach Wochen und Monaten noch immer die gleichen Freundschaftsbändchen zum Umknoten webt.

Lösen Sie sich ruhig einmal davon, „wie man es macht". Lassen Sie sich auf keinen Fall von der Technik einengen, sondern beherrschen Sie sie und nutzen Sie alle Möglichkeiten, die sie bietet. Entdecken Sie Ihre persönliche Arbeitsweise. Es heißt zum Beispiel, dass die Perlen von einer geeigneten Unterlage wie Stoff oder Moosgummi mit der Nadel aufgenommen

werden sollen. Das ist mir völlig egal, denn ich halte die Perlen zum Auffädeln mit den Fingerkuppen der linken Hand. Welche Methode ist Ihnen genehm?

Wagen Sie sich aber auch gestalterisch mal auf die Trampelpfade rechts und links des vorgegebenen Weges. Nehmen Sie meine Entwürfe als Idee, die Sie nach Ihrem eigenen Geschmack und Ihrer eigenen Technik entsprechend weiterentwickeln.

Um Ihnen hierfür eine solide Basis zu bieten, erläutere ich erst einmal die Grundtechnik und führe Sie dann Modell für Modell, Schritt für Schritt an raffinierte Varianten heran.

Sie benötigen zunächst einen Webrahmen für Perlen. Diesen werden Sie mit Sticktwist oder Perlgarn aus Baumwolle bespannen. Als Schussfaden dient Ihnen reißfestes Nähgarn oder Nylon, wenn es unbedingt sein muss und Sie sich mit diesem unverwüstlichen Garn sicherer fühlen.

Eine Perlennadel ist schön lang, ganz dünn und verfügt über ein winziges Öhr. Zur Not tut es aber auch eine feine Nähnadel, die auch durch Perlen mit einer kleinen Bohrung mühelos hindurchgleitet.

Für die ersten Webversuche greifen Sie am besten zu schlichten Rocailles von 2 bis 3 mm Durchmesser. Mit größeren Perlen wächst Ihr Werkstück zwar schneller, doch je kleiner die Rocailles sind, desto feiner fällt das Ergebnis aus. So oder so, auf alle Fälle sollten sie möglichst gleich groß sein. Mit verschieden großen Perlen können Sie später experimentieren, wenn Sie die Grundtechnik gut beherrschen.

Bevor es losgeht, sollten Sie den Umfang Ihres Handgelenks ausmessen, um zu wissen, wie lang Ihr Armband letztlich werden soll. Wollen Sie jemanden mit einem selbst gewebten Bändchen überraschen, liegen Sie bei den meisten Frauen mit etwa 16,5 bis 17 cm zuzüglich der

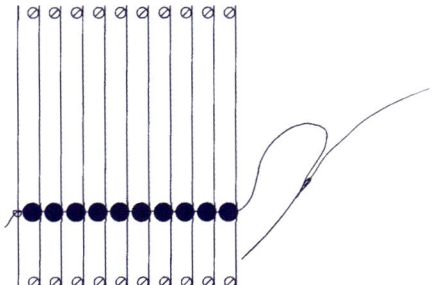

① Der Schussfaden mit den aufgereihten Perlen wird zuerst unterhalb der Kettfäden durchgeführt. Die Perlen werden in die Zwischenräume geschoben und dadurch fixiert, dass der Schussfaden nun oberhalb der Kettfäden durch die Perlen zurückgeführt wird.

Bändchen zum Umbinden richtig. Bei Männern sollten Sie bis mindestens 18 cm weben.

Zunächst müssen Sie die Kettfäden aufspannen. Das geht natürlich am besten auf einem Webrahmen für Perlen. Sie können sich jedoch auch mit einem stabilen Kistchen behelfen, in dessen Seitenwänden Sie kleine Nägelchen als Trenner anbringen.

Als Kettfäden für Armbänder eignet sich Sticktwist, der ja aus sechs Einzelfäden besteht. Für die beiden Randfäden teilen Sie das Garn zu zwei je dreifädigen Strängen auf, für die Innenfäden reicht es, wenn die Stränge zweifädig sind. Bedenken Sie, dass im Gegensatz zum Fädeln oder Sticken bei Webarbeiten das Garn deutlich zu sehen ist. Für die Gesamtwirkung Ihres Armbandes ist also nicht nur die Farbe der Perlen ausschlaggebend, sondern auch der Ton des verwendeten Garns. Arbeiten Sie hier entweder Ton in Ton oder sorgen Sie für Kontraste. Knoten Sie nun die Kettfäden parallel zueinander auf. Die Anzahl der Kettfäden richtet sich nach der gewünschten Breite Ihres Armbandes. Wollen Sie es beispielsweise 10 Perlen breit fädeln (wie mein Armband mit Zick-Zack-Muster), müssen Sie neun zweifädige Innenfäden und beidseitig je einen dickeren Außenfaden spannen (Faustregel für Anzahl der Kettfäden: Anzahl der Perlen plus eins). Die Abstände zwi-

schen den Kettfäden bestimmen Sie nach der Größe Ihrer Perlen. Achten Sie auf alle Fälle darauf, dass die Fäden regelmäßig verlaufen und vor allem sehr straff gespannt werden müssen. Für den Schussfaden fädeln Sie ein Stück reißfestes Nähgarn so in die Nadel, dass es doppelt liegt. Knoten Sie die losen Fadenenden am äußeren linken Kettfaden gut fest.

Nun fädeln Sie die benötigte Zahl Perlen auf. Bei Einwebmustern müssen Sie dabei laut Fädelplan die Farbabfolge einhalten. Beim „Zick-Zack"-Armband fädeln Sie also in der ersten Reihe zehn Perlen in der Folge eine gelb, drei rot, drei blau, drei grün auf den Faden. Ziehen Sie diesen unter den Kettfäden entlang, wobei Sie die Perlen in die Lücken zwischen die Kettfäden schie-

▲ **Schema XV: Zick-Zack**

76

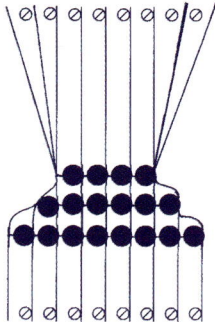

② Ein eleganter Abschluss entsteht, wenn beidseitig eine Perle weniger pro Reihe aufgefädelt wird.

ben, pro Lücke eine Perle. Mit dem Zeigefinger der linken Hand drücken Sie die Perlen in ihre Lücken zwischen den Kettfäden so nach oben, dass Sie die Nadel bequem oberhalb der Kettfäden durch die Perlen zurückführen können. Auf diese Weise führt der Schussfaden auf dem „Hinweg" also unterhalb den Kettfäden längs, auf dem „Rückweg" oberhalb und fixiert so die Perlen (Abb. 1). So arbeiten Sie Reihe für Reihe, beim „Zick-Zack"-Armband den abgebildeten Rapport 7- bis 8-mal entsprechend dem Umfang des Handgelenks.

Ist Ihr Armband lang genug, trennen Sie die Fadenenden wieder vom Rahmen ab. Aus den Kettfadenenden arbeiten Sie nun je nach Geschmack Abschlüsse. Hierbei ist es natürlich am einfachsten, die Fadenenden einfach zu flechten oder gleich ums Handgelenk zu verknoten. Solch einen Verschluss hat das schwarz-weiße Bändchen „Équilibre", das Sie mit Hilfe des abgebildeten Fädelplans leicht nachweben können. Diese Methode ist jedoch nur bei informellen oder ethnisch anmutenden Stücken akzeptabel. Zu einem eleganteren Modell würden geknotete Baumwollbänder nicht passen und die gesamte Wirkung verderben.

Da müssen Sie schon etwas fleißiger sein und saubere Verschlüsse ausarbeiten. Sie können hierfür die Schmalseiten gerade belassen, dann

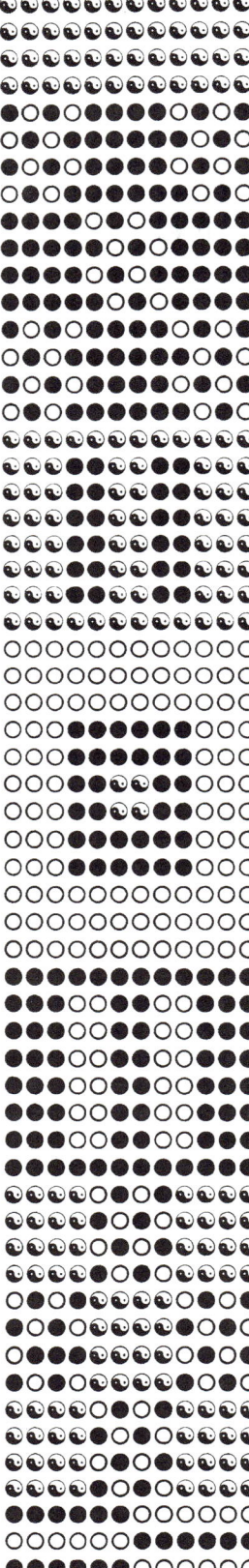

Schema XVI: Das Armband Équilibre wird durch Verflechten der Kettfäden abgeschlossen. Diese einfache Methode eignet sich besonders für Stücke mit ethnischer Anmutung.

77

müssen Sie die Arbeit einfach nur vom Rahmen nehmen. Schneiden Sie die überbleibenden Fäden nicht zu kurz ab, damit sie noch sauber vernäht werden können. Es ist auch möglich, die Schmalseiten in sich verjüngender Form, wie beim „Zick-Zack"-Band, auslaufen zu lassen. Hierfür fädeln Sie beidseitig eine Perle weniger auf und drücken sie in die Lücken, wobei Sie die beiden äußeren auslassen (Abb. 2, Seite 77). Beim Rückführen des Schussfadens fassen Sie nun die Außenfäden mit und ziehen den Faden so stramm, dass die Fäden eng an den Perlen liegen. So verfahren Sie weiter, bis Sie eine Spitze nach Ihrem Geschmack gefertigt haben.

Nach dem Ablösen der Arbeit vom Rahmen fassen Sie die Fadenenden von der Mitte her zu den Seiten zusammen (Abb. 3). Haben Sie die Enden zu Spitzen gearbeitet, sind die Fäden ja bereits gebündelt. Legen Sie die Fäden eng an die Armbandkante und umnähen Sie sie so, dass sie fest mit den außen liegenden Perlen verbunden sind (Abb. 4).

Die überstehenden Fadenreste schneiden Sie vorsichtig ab und versäubern die Enden gegebenenfalls noch durch einige Extra-Stiche.

Als Verschlüsse befestigen Sie an einer der verstärkten Kanten große Perlen oder auch schöne Knöpfe. Wie Sie solche Verschlüsse anfertigen, wird im folgenden Kapitel bei den gestickten Armbändern ausführlich beschrieben. An der gegenüberliegenden Kante arbeiten Sie entsprechende Schlaufen aus Perlen oder gebündelten Kettfadenenden (Abb. 5).

Sicherlich wollen Sie zunächst ein bisschen Routine beim Weben bekommen und einige Armbändchen anfertigen. Sie können dabei ruhig auch einmal Perlen nur einer Farbe verarbeiten. Funkelnde Silverlines und Scarabés mit ihrem feinen Glanz sehen als gewebter Schmuck absolut hinreißend aus! Aber grundsätzlich ist diese Art der Perlenverarbeitung besonders fürs Weben von grafischen Mustern prädestiniert.

Anders als beim Fädeln können Sie Ihre eigenen Entwürfe schnell auf kariertes Papier vorzeichnen und dann auch ziemlich flink umsetzen. Je nach Größe des Modells benötigen Sie für ein Armband etwa 15 g Rocailles mit einem Durchmesser von 2 bis 2,5 mm.

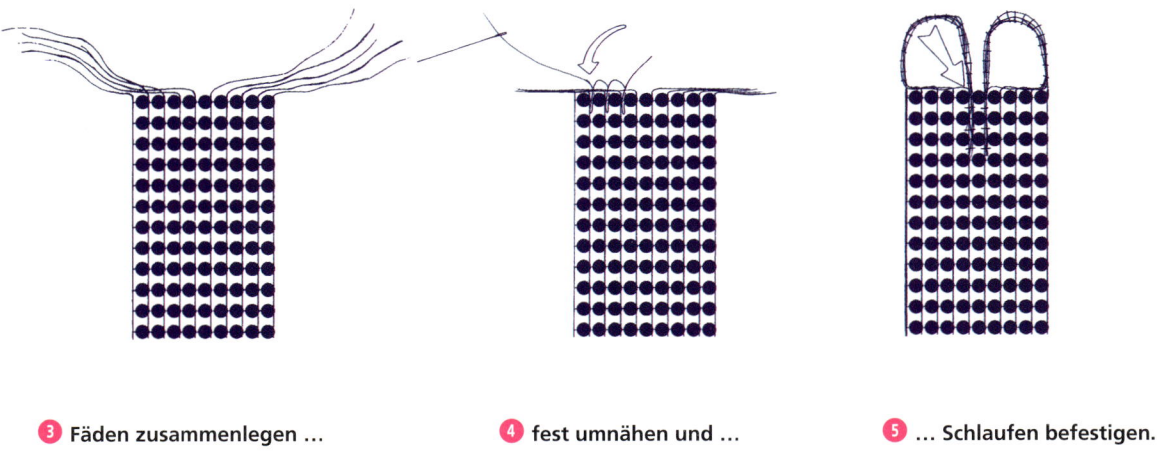

3 Fäden zusammenlegen …   **4** fest umnähen und …   **5** … Schlaufen befestigen.

Kulturelles Erbe

Irre ich mich, oder ist da wirklich in der Ferne das rhythmische Trommeln, untermalt mit fremdartigen Gesängen, vernehmbar?

Ach, wahrscheinlich haben mich nur die Armbänder „Buschtrommeln" in originär afrikanischem Stil in ihren Bann gezogen. Sie sind Bändern nachempfunden, die die Fulani-Mädchen, westafrikanische Hirtennomadinnen, weben, um damit dem Zukünftigen ihr Geschick unter

Beweis zu stellen. Während ich mich beim Band mit losen Perlenreihen noch eng an die Originalvorlage gehalten habe, ist das Modell mit den längs liegenden Stäbchen eine eigene Interpretation des Themas.

Wollen Sie Perlen oder Stäbchen längs zum Webmuster verlaufen lassen, müssen Sie das von vornherein einplanen. Die längs verlaufenden Perlen müssen nämlich auf die Kettfäden

gefädelt werden, bevor Sie diese auf den Rahmen ziehen. Beim traditionellen Band werden Rocailles aufgefädelt. Ich habe mir vorher überlegt, wieviele ich brauchen würde, und sie abgezählt aufgereiht. Es ist aber auch möglich, sich einen kleinen Perlenvorrat aufzufädeln, der beim Aufspannen ganz an das Ende des Kettfadens geschoben wird und aus dem man sich dann bei Bedarf bedient (Abb. 1). Ebenso verhält es sich mit den Stäbchen.

Dass ich mich auch in der Farbwahl streng nach den typisch afrikanischen Farben Schwarz, Rostrot und gebrochenes Weiß richten würde, stand von vorneherein fest. Ich fädelte für das traditionelle Band pro Kettfaden 14 schwarze, sieben weiße und wieder 14 schwarze Rocailles auf. Bespannt wurde der Rahmen mit 12 Fäden (= 11 Lücken). Nachdem ich einige Reihen wie gewohnt gewebt hatte, schob ich auf jedem Schussfaden je sieben schwarze Rocailles ganz dicht an die Webarbeit heran, zog durch die Perlenreihe am äußersten Rand den Schussfaden (Abb. 2) und arbeitete dann einfach weiter (Abb. 3), bis es wieder Zeit war, Perlen aus dem Vorrat zu verarbeiten.

Zum afrikanischen Stil passt es, wenn das Armband einfach mit den Enden der Kettfäden um das Handgelenk geknotet wird, deshalb habe ich keinen Verschluss gearbeitet. Das Band mit Stäbchen wurde ebenso angefertigt. Es besteht allerdings aus 13 Fäden (= 12 Lücken), und verschoben werden statt der Perlenreihen die Stäbchenperlen. Da ich bei diesem Band die Enden der Kettfäden mit einigen Perlenreihen verzieren wollte, habe ich auch diese von vorneherein aufgefädelt. Das ist viel bequemer, als wenn man nachträglich die kurzen Fadenenden in eine Nadel zu fädeln versucht.

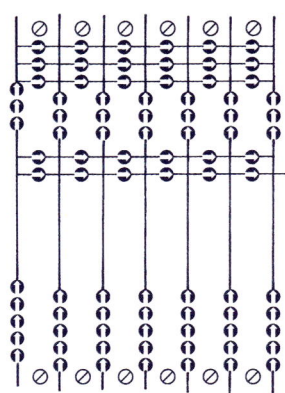

❶ Vorweg aufgefädelte (Pfeil aufwärts) werden zwischen gewebte Perlen (Pfeil seitwärts) geschoben.

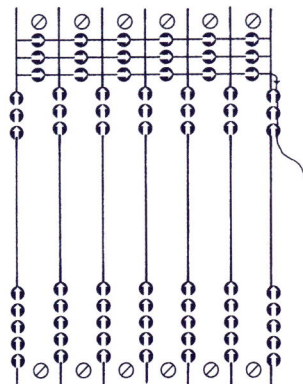

❷ Der Schussfaden wird durch die Perlen der äußeren Kettfäden geführt.

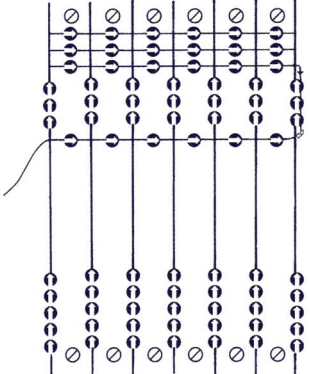

❸ Fortsetzung mit gewebten Perlen

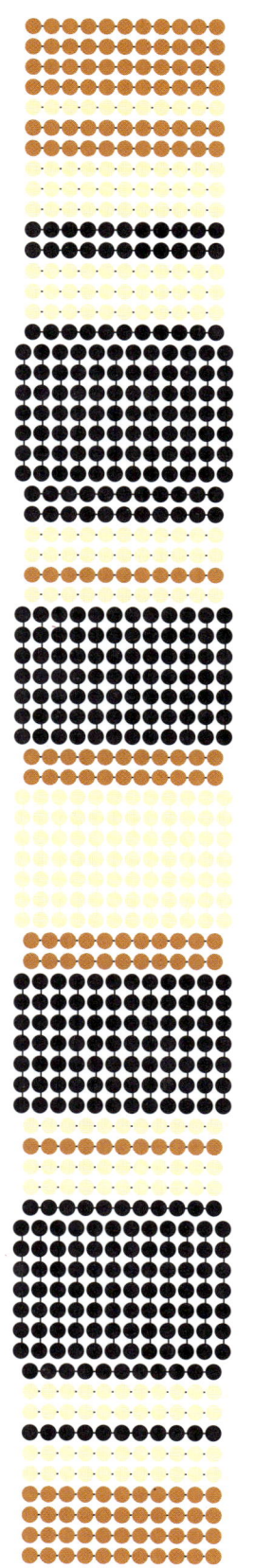

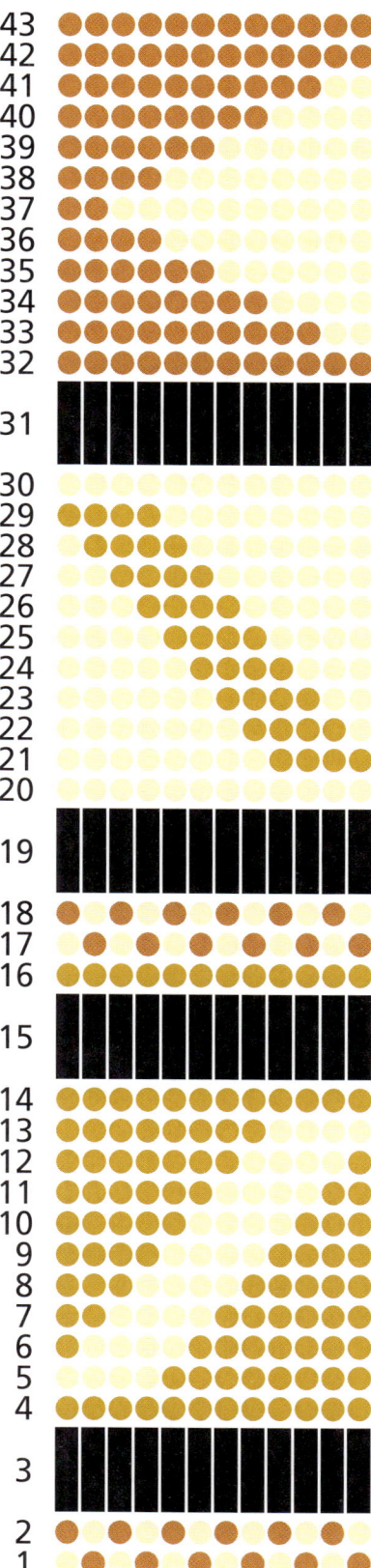

◀ Schema XVII: Das traditionelle Armband „Buschtrommel" wird ausschließlich aus Perlen gefertigt, während die moderne Version (Schema XVIII) durch Stäbchenperlen durchbrochen ist.

Quertreiber
willkommen!

Wenn Sie schon ein bisschen Übung haben, können Sie auch mühelos Stäbchenperlen in Ihr Design einarbeiten. Dabei ist entscheidend, dass Sie schon auf der Skizze die Lage der Stäbchen festlegen und deren Länge einplanen. Beim Bespannen des Rahmens lassen Sie hier entsprechend größere Lücken zwischen den Kettfäden. Versuchen Sie es doch zunächst einmal mit dem nachfolgend beschriebenen Armband, das zu meinen Lieblingsstücken gehört: Beim Bändchen „Isfahan" verarbeiten Sie Stäbchen und Rocailles im Wechsel. Die stäbchenbreiten Lücken werden mit jeweils mehreren kleinen Perlen aufgefüllt (Abb. 1).

„Isfahan", der Name dieser Oase, heute zweitgrößte Stadt des Iran und einstmals sogar persische Hauptstadt, verkörpert die ganze Mystik des Orients. Schon das Garn, das ich für mein Armband gleichen Namens ausgesucht habe, wird der prachtvollen Schönheit Isfahans gerecht. Metallicgarn („Reflecta" von Coats Mez) in einem tiefen Kupferton diente sowohl als Kett- wie auch als Schussfaden.

Dieses edle Garn ist hauchzart; daher habe ich es für die Seitenfäden fünf- und für die Innenfäden je dreifach gespannt. Mit einer Kombination aus nachtblauen, unregelmäßig geformten Perlen und blutsteinfarbenen Rocailles sowie Stäbchen spiegelt sich in dem Band die Pracht jener sagenumwobenen Region wider.

Ein solch anspruchsvolles Stück verdient auch einen entsprechenden Verschluss, der hier aus Schlaufen und zwei passenden nachtblauen Wachsperlen gearbeitet ist.

Für das Armband „Isfahan" spannen Sie 11 Fadenstränge für 10 Lücken auf. Aber Achtung: In den Reihen ohne Stäbchen arbeiten Sie 12 Rocailles ein, in denen mit Stäbchen nur 10. Für ein komplettes Band wiederholen Sie den Rapport von Reihe 1 bis Reihe 18 insgesamt dreimal. Die Reihen 19 bis 23 zeigen, wie ein Ende ausgearbeitet wird.

Und nun zum Verschluss, der dem Armband noch zusätzlichen Reiz verleiht: Das eine Ende des Armbandes schließt glatt ab, während das andere in Spitzen endet. Wie Sie diese ausarbeiten, finden Sie auf Seite 78 (Abb. 2, Seite 77) beschrieben.

Nach dem Ablösen vom Rahmen verarbeiten Sie die überstehenden Kettfäden am glatten Ende des Armbandes zu zwei Schlaufen (siehe Seite 78, Abb. 3–5). Die Fäden an den spitzen Enden werden sauber vernäht. Die beiden Verschlussperlen nähen Sie an die spitzen Enden des Armbandes an. Dazu verwenden Sie jeweils noch eine kleine Perle als äußeren „Wendepunkt". Bitte nähen Sie die Perlen des Verschlusses mehrmals an, damit das Ganze auch hält. Wäre doch schade, wenn Sie dieses prachtvolle Armband verlieren würden!

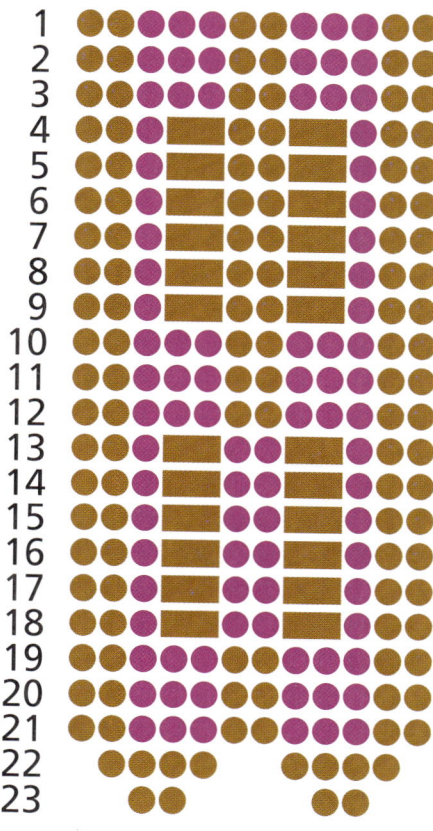

Schema XIX: Isfahan

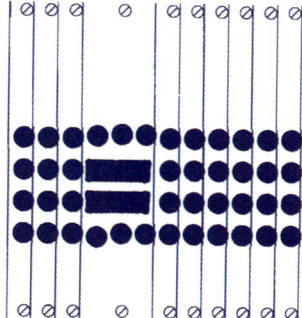

❶ Perlen füllen die Stäbchenlücke.

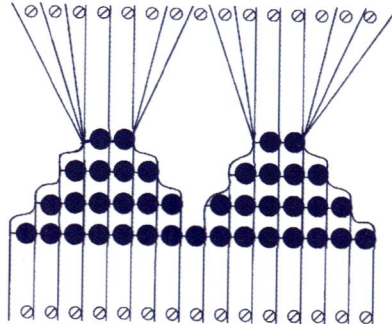

❷ Mittig geteilte Arbeit und folgendes Fädelschema

Hinter **Gittern**

„Douceur", der Name dieses Armbandes bedeutet auf Französisch Zartheit, aber auch Lieblichkeit und Süße. All das trifft auf diesen Hauch von einem Armband zu. Ich wollte ausprobieren, wie man längs gefädelte Stäbchen mit quer gefädelten verbinden könnte. Da aber schlussendlich die meisten Lücken statt mit quer liegenden Stäbchen mit jeweils vier aufgereihten Perlen gefüllt wurden, ist die ganze Angelegenheit ungeheuer filigran ausgefallen. Und die Auswahl winziger, transparenter Rocailles tut ihr übriges. Der hellste Blauton, das zarteste Grün und ein Mischung verschiedener Pastelltöne sorgen für eine ätherische Erscheinung.

Zunächst wurde auf jeden Kettfaden ein Vorrat aus je 11 himmelblauen, getwisteten Stäbchen gefädelt, diese anschließend auf dem Rahmen befestigt, und zwar wiederum in stäbchenbreitem Abstand. Die ersten fünf Reihen habe ich aus Stäbchen gewebt und die Lücken mit Rocailles in einem schlichten Karomuster geschlossen: jeweils drei Reihen à vier Perlen. Farblich variiert jedes Kästchen zwischen Multicolor, Grün und Blau. Nach den anfänglichen drei Perlenrei-

hen wurde die erste Reihe längs verlaufender Stäbchen aus dem „Depot" an die Webarbeit herangeschoben. Um zum nächsten Rocailles-Abschnitt zu gelangen, habe ich die Nadel durch eine Stäbchenperle am äußeren Rand geführt und dann die folgende Reihe kleiner Perlen gewebt.

Entsprechend dem Rapport weben Sie direkt nach den quer verlaufenden Stäbchen insgesamt 12 Rocailles-Abschnitte und 11 Stäbchen-Abschnitte im Wechsel. Sie schließen die Arbeit mit einem fünfreihigen Block quer verlaufender Stäbchen ab.

Sie haben auch die Möglichkeit, verschieden große Perlen gemeinsam zu verarbeiten. Dafür bedarf es nicht einmal besonderer Vorbereitung. Sie spannen die Fäden und weben dann wie gewohnt. Soll eine große Perle eingewebt werden, lassen Sie die daneben liegende Lücke einfach frei, damit sie genug Platz hat (Abb. 1). Weben Sie in der nächsten Reihe dann mit kleinen Rocailles weiter, öffnet sich die Lücke automatisch und Sie arbeiten wieder mit der gleichen Perlenanzahl (Abb. 2).

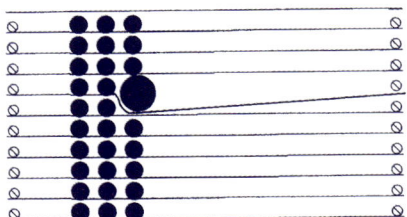

❶ Nach dem Einarbeiten einer größeren Perle

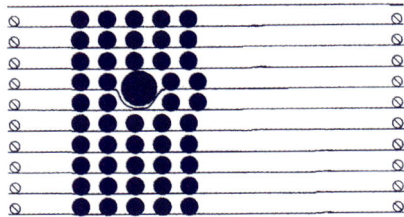

❷ … schließt sich die Lücke wieder von alleine.

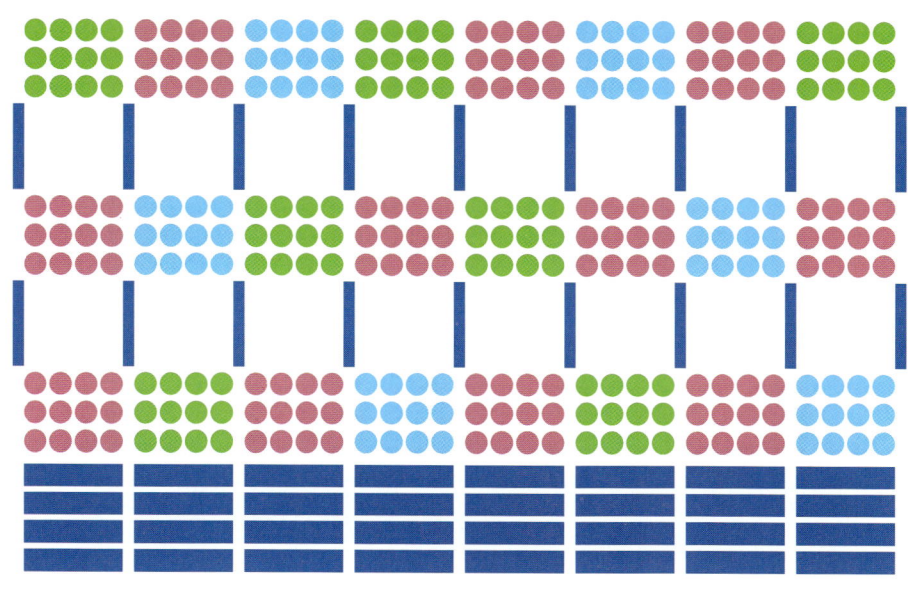

▲ Schema XX: Douceur

Der Zauber des
Orients

Wie in einem Märchen aus 1001 Nacht liegt irgendwo im marokkanischen Teil der Sahara die Oase Tata. Hier konnte ich die herrlichen Muster der handgeknüpften Teppiche von den Tuareg-Nomaden bewundern. Da lag es einfach nahe, meinem Halsband im orientalischen Stil den Namen dieses verwunschenen Ortes zu geben.

Die Elemente für „Tata" habe ich von orientalischen Teppichen, so genannten Kelims, abgenommen und auf Kästchenpapier umgesetzt. Da die Grundfarbe vieler Kelims ein tiefes Weinrot ist, habe ich hier auch die Arbeitsfäden in diesem Ton gewählt. So lenkt kein Kontrast von dem traumhaften Glanz der Silverline ab.

Um ein langes Halsband zu weben, sind die Standardrahmen zu kurz. Es gibt spezielle Rahmen, die auf beiden Seiten Walzen haben, über die die extralangen Kettfäden aufgewickelt und bei Bedarf dann zur Arbeitsfläche hin gerollt werden können. Wenn Sie so einen Rahmen nicht anschaffen wollen, können Sie die Fäden aber auch über einen Bilderrahmen spannen. Auch einige Schulwebrahmen sind dafür geeignet. Wenn Sie sorgfältig arbeiten, wird Ihre Arbeit trotz dieses Provisoriums von Erfolg gekrönt sein.

Spannen Sie fürs Halsband 13 Fäden auf, so dass Sie 12 Lücken haben. Beginnen Sie Ihre Weberei mit dem Element 1, das Sie dreimal komplett und einmal von Reihe 1 bis 5 immer direkt aneinander anschließend arbeiten. Nach einer Reihe roter Perlen weben Sie dann einmal das Element 2, dann eine rote Reihe und anschließend das Element 3. Nach einer weiteren roten Reihe beenden Sie Ihre Weberei, wie oben erläutert, mit einer Abfolge von Element 1.

Den Rapport habe ich im Band in unterschiedlichen Farbkombinationen gewebt, zeige ihn hier aber nur in einer Variante, um Sie zu Ihrem ganz eigenen Farbenspiel zu inspirieren.

Als Verschlüsse habe ich zwei Perlen aus Pressglas gewählt, die mit ihrer Grundfarbe und dem Golddesign die orientalische Ornamentik perfekt abrunden.

Für ein gewebtes Halsband sollten Sie insgesamt etwa 50 g Perlen einplanen, wenn Sie Rocailles in 2 bis 2,5 mm Größe verwenden. Diese Menge ist dann proportional zwischen den verschiedenen Farben aufzuteilen. Gerade bei einem orientalisch gestalteten Modell bietet sich eine „exotische" Verschlussvariante an. Dabei werden die Verschlussperlen und -schlaufen entgegengesetzt befestigt (Abb. 1).

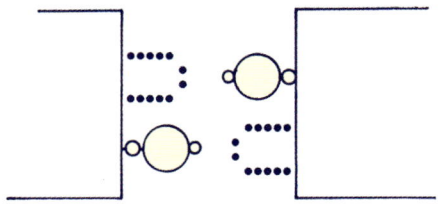

① Verschlussperlen und -schlaufen

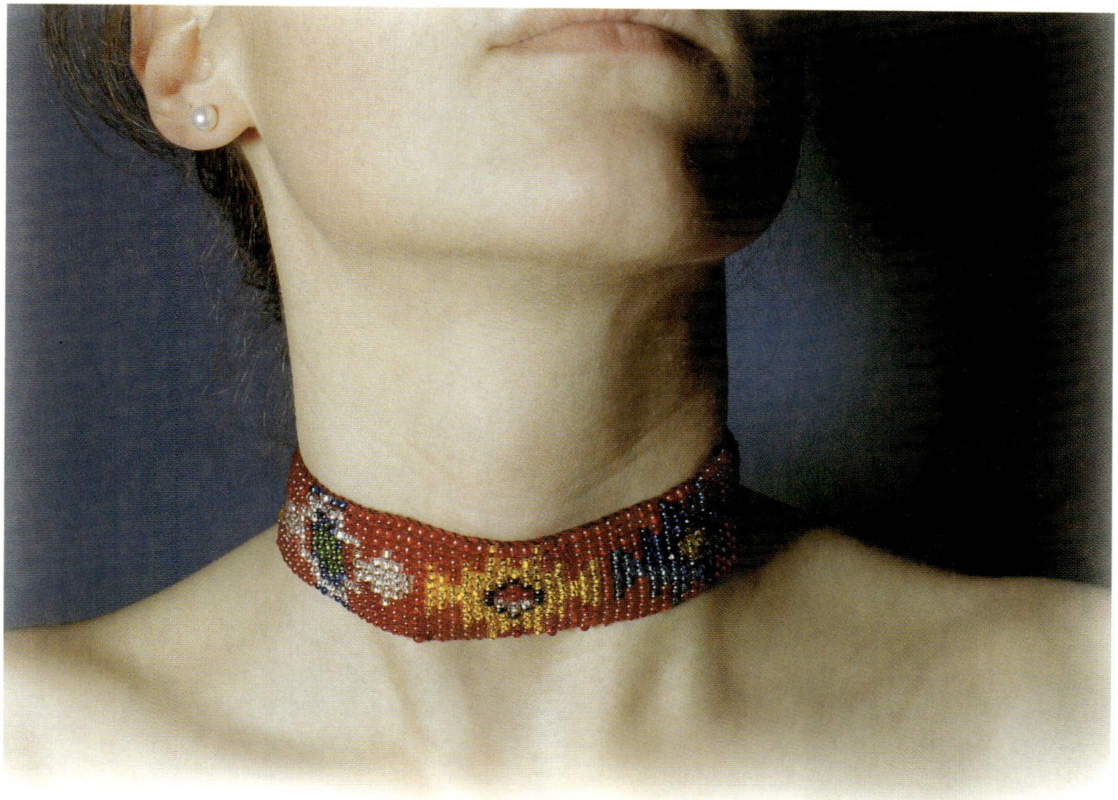

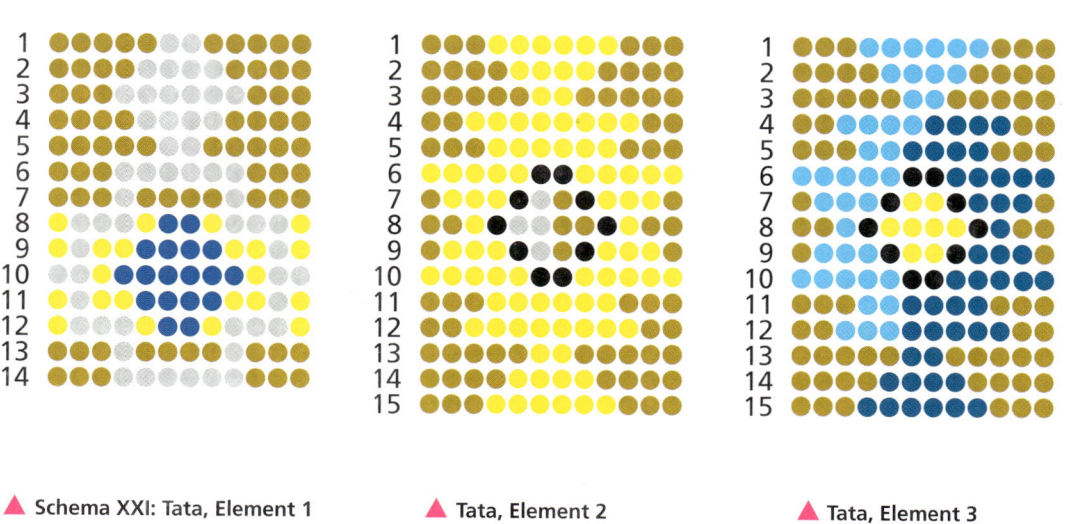

▲ Schema XXI: Tata, Element 1   ▲ Tata, Element 2   ▲ Tata, Element 3

Von der Wand
abgenommen

In Südafrika bemalen Frauen des Volkes Ndebele (sprich „Endébéle") die Fassaden ihrer Häuser mit großformatigen, geometrischen Mustern in satten, reinen Farben. Auch ihr üppiger Perlenschmuck ist in derselben Ornamentik gearbeitet und an Pracht kaum zu überbieten. In aller Demut vor so kunstvoller Arbeit erlaube ich mir, mein Halsband nach diesem Volk zu benennen, denn das Muster habe ich von einer ihrer Wandmalereien kopiert.

Dass ich bei „Ndebele" strahlendes Reinweiß einem gebrochenen Ton vorgezogen habe, liegt daran, dass auch in der Originalvorlage Reinweiß verwendet wurde. Darüber hinaus konturieren die Ndebele die geometrischen Formen in Schwarz, und auch zwischen den reinen Farben

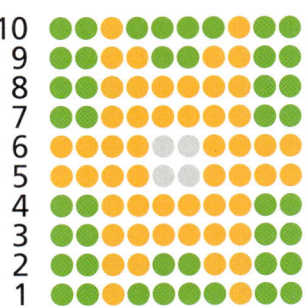

▲ **Ndebele Element 2**

der Perlen wirkt dieses Garn als Kett- und Schussfaden kontrastierend. Gewebt wird nach folgendem Schema: Zunächst weben Sie Element 1 von Reihe 1 bis 12, dann Element 2 und anschließend wieder Element 1; diesmal aber von Reihe 12 nach 1. Zwischen den Elementen arbeiten Sie jeweils zwei Reihen Grün ein. Nun schließen zwei Reihen Weiß an und dann Element 3, 4 und nochmals 3. Nach vier Reihen

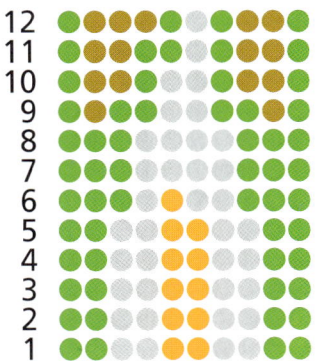

▲ **Schema XXII: Ndebele Element 1**

▲ **Ndebele Element 3**

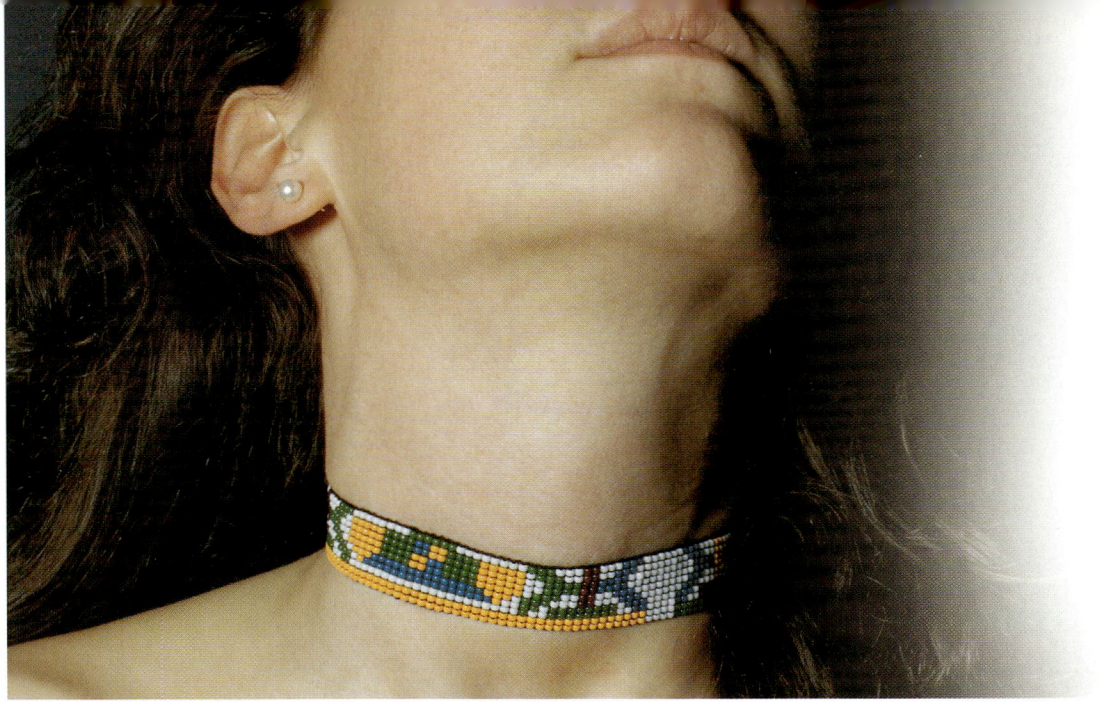

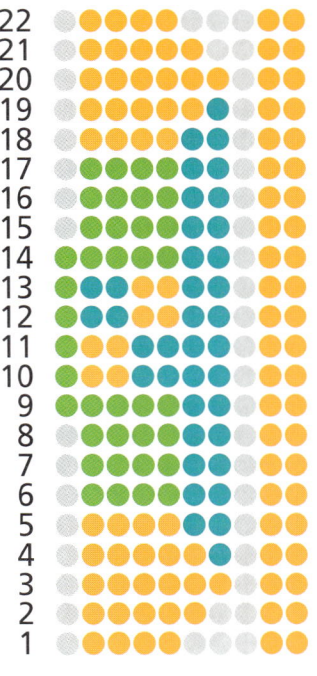

Weiß weben Sie erneut die Elemente 3 und 4, schließen dann aber Element 5 an. Abschließend weben Sie nach vier weißen Reihen nochmals Element 1 von der 12. zur 1. Reihe hin. Als Verschluss habe ich eine passend bemalte Tonperle gewählt.

▲ Ndebele Element 4

▲ Ndebele Element 5

Durch die Prärie

Tolle, indianisch geprägte Muster und eine ungewöhnliche Kettenform zeichnen die Kette „Dakota Sioux" aus – ein Highlight der gewebten Arbeiten!

Als Grundfarbe habe ich ein mattes Türkis gewählt, in das dann die Muster (Seite 93) nach den Fädelschemata in nachstehender Reihenfolge eingewebt wurden: Zehn Reihen Türkis, dann Element 1a, drei Reihen Türkis, Element 1b. Nach weiteren zwei Reihen Türkis Element

weiter (Abb. 1). Nach dem Knopfloch folgen vier Reihen Türkis, einmal Element 2 von Reihe 30 nach Reihe 1, drei Reihen Türkis, Element 1a, drei Reihen Türkis, Element 1b und abschließend nochmal 10 Reihen Türkis.

Um die Kette schließen zu können, nähen Sie auf dem langen Türkisabschnitt der ersten Kettenhälfte genau mittig eine indianisch anmutende Tonperle an, die gut durchs Knopfloch passt, ohne von selbst herausrutschen zu können. Überprüfen Sie vor dem Annähen, wie die Kette später umgelegt werden soll, damit Sie den Knopf auf der richtigen Seite annähen.

Die Perlen für die Fransen können Sie schon vor Beginn der Arbeit auf die Kettfäden fädeln, bevor Sie diese auf dem Rahmen befestigen. Wenn Sie sich erst beim Weben oder sogar danach für Fransen entscheiden, ist das auch kein Problem. Hierfür fädeln Sie auf jedes Kettfadenende einige Perlen auf, nachdem Sie die Arbeit vom Rahmen genommen haben.

Um diese Reihe zu fixieren, führen Sie den Faden durch die gesamte Franse wieder zurück. Durch die letzte Perle am Fransenende führen

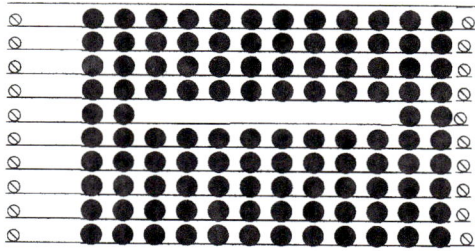

1 Einarbeiten des Knopflochs

2, gefolgt von 15 Reihen Türkis. Den Rapport von Element 3 weben Sie fünfmal, ebenso nach weiteren zwei Reihen Türkis den Rapport 4. Jetzt sollten Sie etwa 45 cm Länge und damit die rückwärtige Mitte des Bandes erreicht haben. Weben Sie jetzt fünfmal Rapport 3 und fünfmal Rapport 4. Achtung, jetzt kommt's: Nach drei Reihen Türkis arbeiten Sie über acht Reihen ein Knopfloch ein, indem Sie die Arbeit getrennt weiterweben, und zwar zunächst acht Reihen über 5 Perlen, dann acht Reihen über 4 Perlen und schließlich wie zuvor in Zehnerreihen

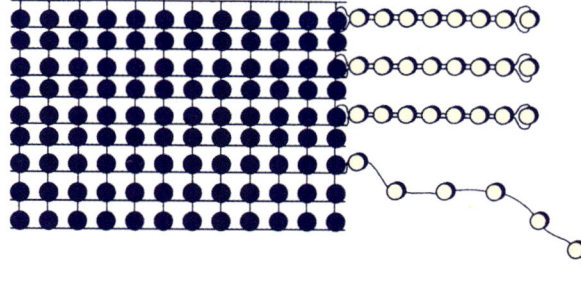

2 Die Fransen werden aufgereiht.

Sie ihn nur einmal (Abb. 2). Damit die Franse schön locker fällt, dürfen Sie den Arbeitsfaden nicht zu stark festzurren.

Abschließend bitte ich den besonderen Clou zu beachten: eine tropfenförmige, handbemalte Tonperle, die zwischen den Fransen befestigt, toll mit dem Kugelverschluss harmoniert.

Auch die andere Kette, die Sie hier sehen, ist indianisch beeinflusst, und zwar von der Ornamentik des Stammes Arapaho.

Das Modell „Arapaho" (Schemata Seite 93) besteht aus einem schmalen Streifen, der am Schluss an einer Stelle geschlossen wird. Dafür spannen Sie 9 Fäden in hellem, neutralem Farbton auf. Ich habe die Arbeit mit den Fransen begonnen. Breite Fransen werden über zwei Lücken gearbeitet. Zuerst werden pro Franse 18 Reihen gewebt. Belassen Sie zwischen jeder Franse eine Perlenlücke. Sind alle Fransen fertig, arbeiten Sie die Kette über die gesamte Breite

3 **Übergang von den Fransen zum Kettenkörper**

④ Anfertigung der Kette in zwei Teilen

⑤ Die Kettenteile werden verbunden.

weiter (Abb. 3). Sie können auch zuerst die Kette machen und die Fransen nachträglich anweben, bevor Sie die Arbeit vom Rahmen nehmen.

Den Streifen beginnen Sie mit drei Reihen Elfenbein, dann Element 1a. Nach vier Reihen Elfenbein weben Sie Element 2 von Reihe 1 nach 16 und nach weiteren drei Reihen Elfenbein nochmal von 16 nach 1. Es folgen vier Reihen Elfenbein, Element 1a, drei Reihen Elfenbein und Element 3. Wenn Sie jetzt das Element 4 komplett anschließen, haben Sie inklusive Fransen eine Gesamtlänge von etwa 40 cm und damit die rückwärtige Mitte erreicht.

Sollte die Kette für Ihren Geschmack zu kurz geraten sein, können Sie sie an dieser Stelle ganz einfach verlängern, indem Sie noch ein paar Rei-

hen Elfenbein mit rotem Mittelstreifen einweben. Dann wird die Arbeit einfach in umgekehrter Reihenfolge bis zu den Fransenspitzen weitergewebt, also Element 4 von Reihe 40 bis Reihe 1, Element 3 von Reihe 31 bis Reihe 1, drei Reihen Elfenbein. Statt Element 1a kommt jetzt Element 1b. Weiter geht es mit vier Reihen Elfenbein, Element 2 von 16 nach 1 und von 1 nach 16, dazwischen drei Reihen Elfenbein. Nach weiteren vier Reihen Elfenbein weben Sie nochmals Element 1b, drei Reihen Elfenbein und zum Abschluss die Fransen.

Nehmen Sie die Arbeit vom Rahmen und legen Sie die Enden exakt nebeneinander. Nähen Sie die Kette von der ersten Streifenreihe bis Reihe 20 mit dem Matratzenstich zusammen. Achten Sie auch hier darauf, dass die Kette dabei in der richtigen Form liegt. Können oder wollen Sie das Band nicht so lang weben, ist es auch möglich, beide Seiten gleichzeitig anzufertigen. Hierzu spannen Sie 18 Fäden auf den Rahmen und arbeiten zuerst über die gesamte Breite. Danach arbeiten Sie in zwei Hälften weiter, d. h. Sie weben je über 8 Lücken hinweg zwei parallele Bänder gegengleich bis zu einer Länge von etwa 40 cm (Abb. 4). Nehmen Sie die Kette vom Rahmen und arbeiten Sie sie aus, indem Sie die beiden Stränge im Nacken zusammennähen (Abb. 5).

Tipp: Bänder mit solch diffizilen Einwebmustern können nicht nur umgehängt, sondern auch als Zierband um schlichte Hüte gewunden werden. Bei ethnisch inspirierten Designs ziehe ich Perlen in gebrochenem Weiß den reinweißen vor und greife auch lieber zur matten als zur glänzenden Qualität. Die Rocailles sehen in dieser Ausführung einfach natürlicher aus und werden deshalb diesem Stil eher gerecht. Mein absoluter Favorit sind hier „Rocailles Perlmutt Elfenbein" (No. 61 18 01 1) von Knorr Hobby.

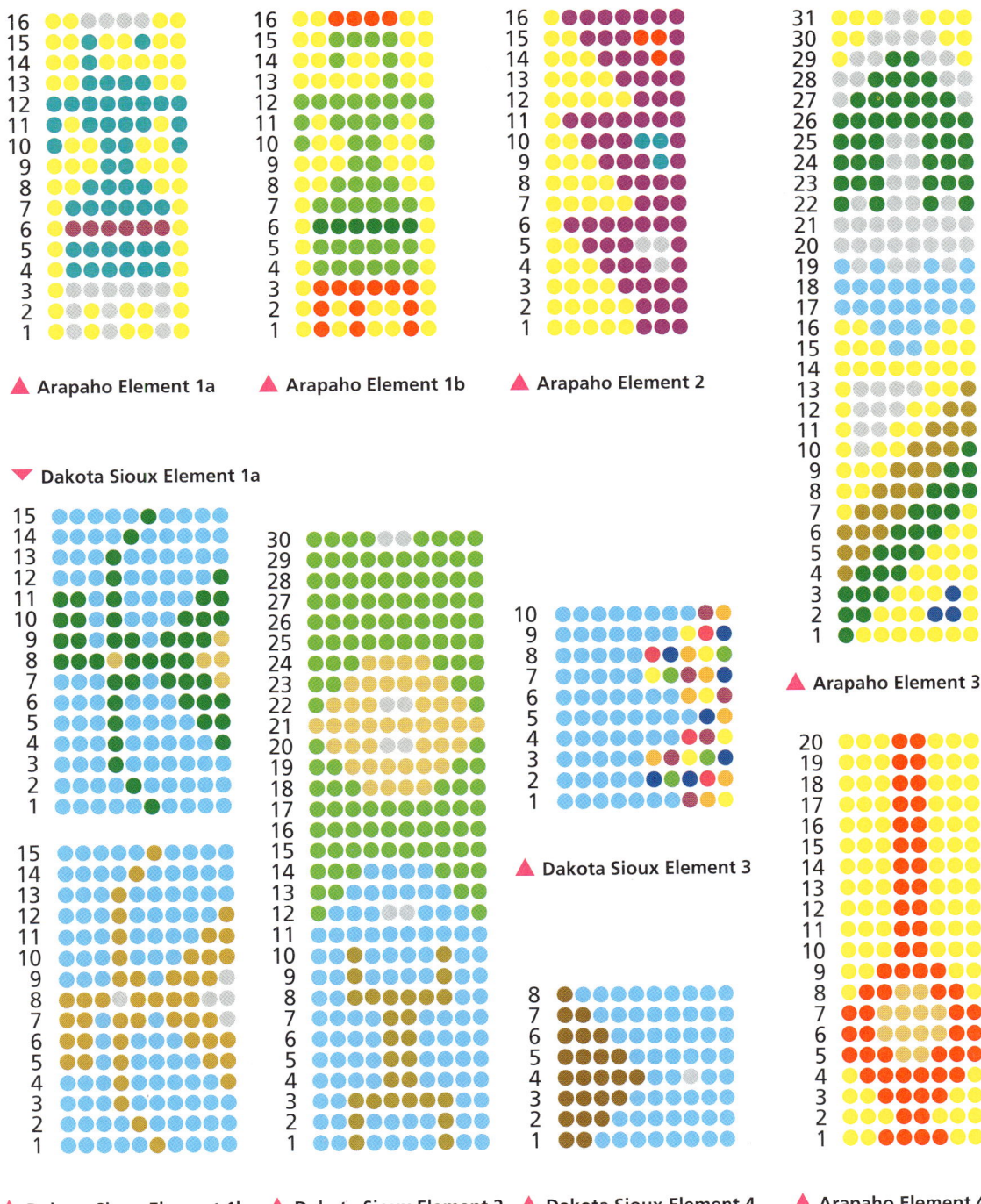

▲ Arapaho Element 1a ▲ Arapaho Element 1b ▲ Arapaho Element 2

▼ Dakota Sioux Element 1a

▲ Arapaho Element 3

▲ Dakota Sioux Element 3

▲ Dakota Sioux Element 1b ▲ Dakota Sioux Element 2 ▲ Dakota Sioux Element 4 ▲ Arapaho Element 4

Gürtelrose?
Rosengürtel!

Sicherlich kostet es etwas Zeit, diesen prachtvollen Gürtel in floralem Design zu weben. Die Mühe lohnt sich aber, denn ich zähle „Rosalie" zu den Meisterstücken meiner Kollektion.

Gürtel werden auf die gleiche Art wie Arm- und Halsbänder gewebt, nur dass die Kettfäden natürlich wesentlich länger sein müssen. Idealerweise arbeiten Sie an einem guten Webrahmen, über dessen Walzen auch lange Stränge hin- und hergeschoben werden können.

Da Gürtel stabiler sein sollen, ist es angebracht, an Stelle von Sticktwist ein in sich gezwirbeltes Perlgarn zu verwenden. Je nach Länge des fertigen Gürtels und der verwendeten Perlenart benötigen Sie insgesamt etwa 150 g Perlen.

Für „Rosalie" spannen Sie 21 Fäden von je etwa 100 cm Länge auf. Entsprechend dem Webschema (Seite 96 und 97) arbeiten Sie sich nun Reihe für Reihe voran. Ordnen Sie dabei die Elemente ganz nach Ihrem Geschmack an. Weben Sie die Rosen ruhig auch einmal gegenläufig von der untersten zur obersten Reihe, um für mehr Abwechslung in Ihrem Design zu sorgen.

Als kleine Hilfestellung für die Variation des Motives habe ich die Fädelschemata für Blattwerk und Knospen exakt quadratisch angelegt, also sowohl von oben nach unten als auch von rechts nach links über 20 Perlen.

Vereinfachen Sie sich die Arbeit, indem Sie das Buch um 90° drehen und die Webschrift so ablesen.

Die endgültige Länge des Gürtels richtet sich selbstverständlich nach Ihrem Taillenumfang. Als Verschluss können Sie sich im Kurzwarengeschäft eine fertige Gürtelschnalle besorgen. Angemessener ist allerdings ein Verschluss aus Perlen. Passend zum Rosendekor habe ich drei chinesische Emailperlen an die versäuberte Kante genäht, die zum Schließen durch Perlenschlaufen geschoben werden.

Ein Tipp: Weben Sie den Gürtel doch etwas länger, damit er Ihnen auf die Hüften rutscht. Das sieht besonders zu Hüfthosen lässig aus.

Grundsätzlich gilt beim Weben „Lieber zu viel als zu wenig". Das gilt besonders für den Kettfaden bei langen Webteilen. Es wäre doch furchtbar, wenn auf drei Viertel Länge eines Bandes plötzlich der Kettfaden zu Ende gehen würde! Bedenken Sie den Grundsatz der Großzügigkeit auch für die Perlenvorräte auf den Kettfäden und nicht zuletzt beim Maß der Webarbeit selbst. Ist Ihnen ein Band einmal zu lang geraten, nehmen Sie es vom Rahmen und lösen Sie einfach die letzten Reihen wieder ab, indem Sie behutsam den Schussfaden aus den Perlen ziehen. Das ist wesentlich einfacher, als ein zu kurz geratenes Teil wieder mühselig auf den Rahmen zu spannen.

Möglicherweise wollen Sie mal selbst ein Gürtelmuster entwerfen. Hierzu einige Hinweise: Bei bestimmten Mustern empfiehlt es sich, über eine ungerade Zahl von Perlen zu arbeiten, so-

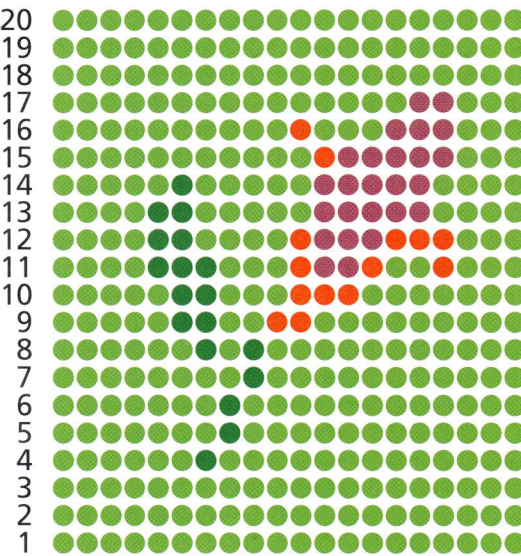

20 19 18 17 16 15 14 13 12 11 10 9 8 7 6 5 4 3 2 1

▲ **Schema XXV: Rosengürtel Rosalie: Knospe 1**

20 19 18 17 16 15 14 13 12 11 10 9 8 7 6 5 4 3 2 1

▲ **Rosengürtel Rosalie: Knospe 2**

dass Sie eine Mittellinie, die so genannte Symmetrieachse, erhalten. Das ist wichtig bei Rhomben, Sternen, kurz, bei grafischen Motiven, die von der Mitte aus symmetrisch verlaufen. Andere Muster wie zum Beispiel Karos lassen sich über eine gerade Zahl Perlen besser arbeiten.

Noch ein Trick für diejenigen, die die Muster lieber während des Webens entwickeln: Sie haben an einer Seite zu weben begonnen und merken dann, dass dort noch etwas fehlt. Kein Problem, nirgends steht geschrieben, dass Sie sklavisch immer in die eine Richtung weiterzuarbeiten haben. Fädeln Sie also ruhig einen zweiten Faden ein, befestigen Sie diesen und arbeiten von der Anfangsreihe in die andere Richtung weiter. So können Sie übrigens auch von der Mitte aus parallel an beiden Enden arbeiten und spontan am Rahmen ein Muster entstehen lassen, das sich symmetrisch zu den beiden Enden hin entwickelt.

Mein Tipp: Sehen Sie sich einmal bewusst um – die Welt ist voll von Motiven, die man wunderbar zu originellen Einwebmustern umsetzen kann. Neben den bereits zitierten Teppichen bieten auch Stoffe ein Fülle von Designs. Wollen Sie sich zum Beispiel zu Ihrem Lieblingskleid ein passendes Schmuckstück weben, pausen Sie das Stoffmuster auf Transparentpapier durch. Dieses schieben Sie unter einen Bogen Karopapier und können es nun in Form eines Kästchenrapports umsetzen. Ist Ihnen das zu mühsam, sind fertige Vorlagen für Kreuzstickerei und Einstrickmuster für Pullover eine hervorragende Inspirationsquelle. Sogar Mosaikarbeiten lassen sich umsetzen.

In der Literaturliste am Ende des Buches nenne ich Ihnen Publikationen, die einige dieser Themenbereiche vertiefen.

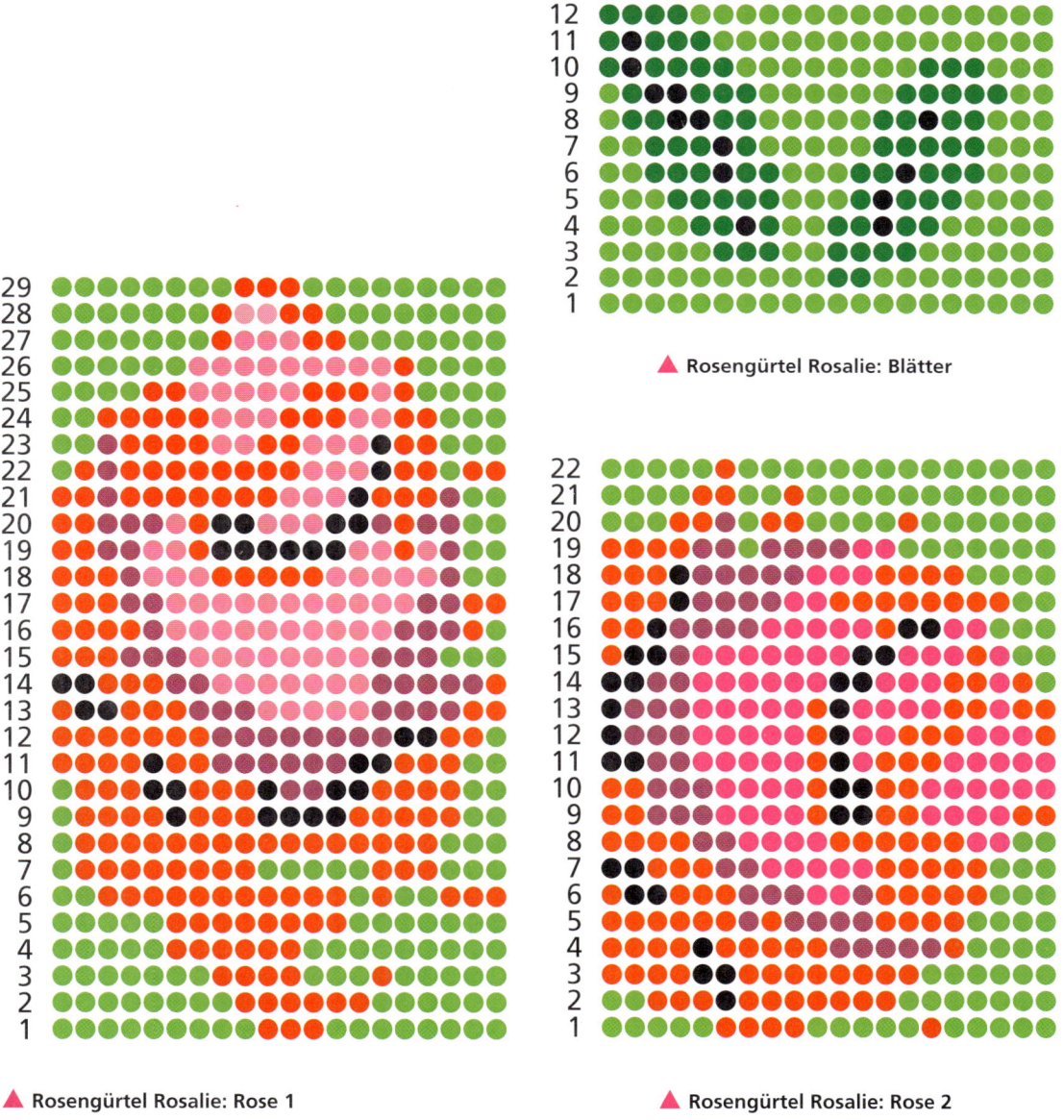

▲ Rosengürtel Rosalie: Blätter

▲ Rosengürtel Rosalie: Rose 1

▲ Rosengürtel Rosalie: Rose 2

Cowboys und Indianer

Seien Sie bitte nachsichtig, dass ich auch beim Gürtel „Arizona" zum wiederholten Male auf die Ornamentik nordamerikanischer Indianer zurückgreife. Aber nicht ohne Grund werden Rocailles auch Indianerperlen genannt; kunstvolle Perlenarbeiten sind nu nmal unzertrennlich mit dem indianischen Kunsthandwerk im wahren Sinne des Wortes verwoben.

Gewebt wird bei diesem Gürtel übrigens wie gehabt. Inzwischen dürften Sie schon so viel Übung und Sicherheit bei Perlenarbeiten haben, dass es Ihnen leicht fallen und Freude bereiten wird, aus den vorgestellten Elementen Ihren ganz individuellen Gürtel zusammenzustellen.

Mir persönlich haben zum Gürtel im indianischen Stil perlenbesetzte Fadenstränge zum Umbinden gereicht. Sie können aber selbstredend auch eine Schnalle oder passende Knöpfe annähen. Ganz klar, dass der indianische Gürtel zu Jeansstoff perfekt passt.

Wollen Sie sich einen Gürtel machen und Ihr Rahmen ist dafür nicht oder nur unzureichend geeignet? Kein Problem – weben Sie in Stücken. Dazu bespannen Sie den Rahmen ganz normal und weben, so weit Sie eben kommen. Dann nehmen Sie den ersten Teil vom Rahmen und bespannen diesen neu. Beginnen Sie an der Stelle weiterzuweben, an der Sie beim ersten Teil aufhören mussten.

So arbeiten Sie weiter, bis Ihnen die Gesamtlänge aller Einzelelemente zusagt. Nun nähen Sie die Webstücke in der richtigen Reihenfolge aneinander (siehe Seite 92, Abb. 5) und vernähen die Kettfadenreste unauffällig zwischen den Perlen auf der Innenseite der Weberei. Diese Methode kann übrigens auch als letzte Rettung für zu kurz geratene Webteile angewandt werden.

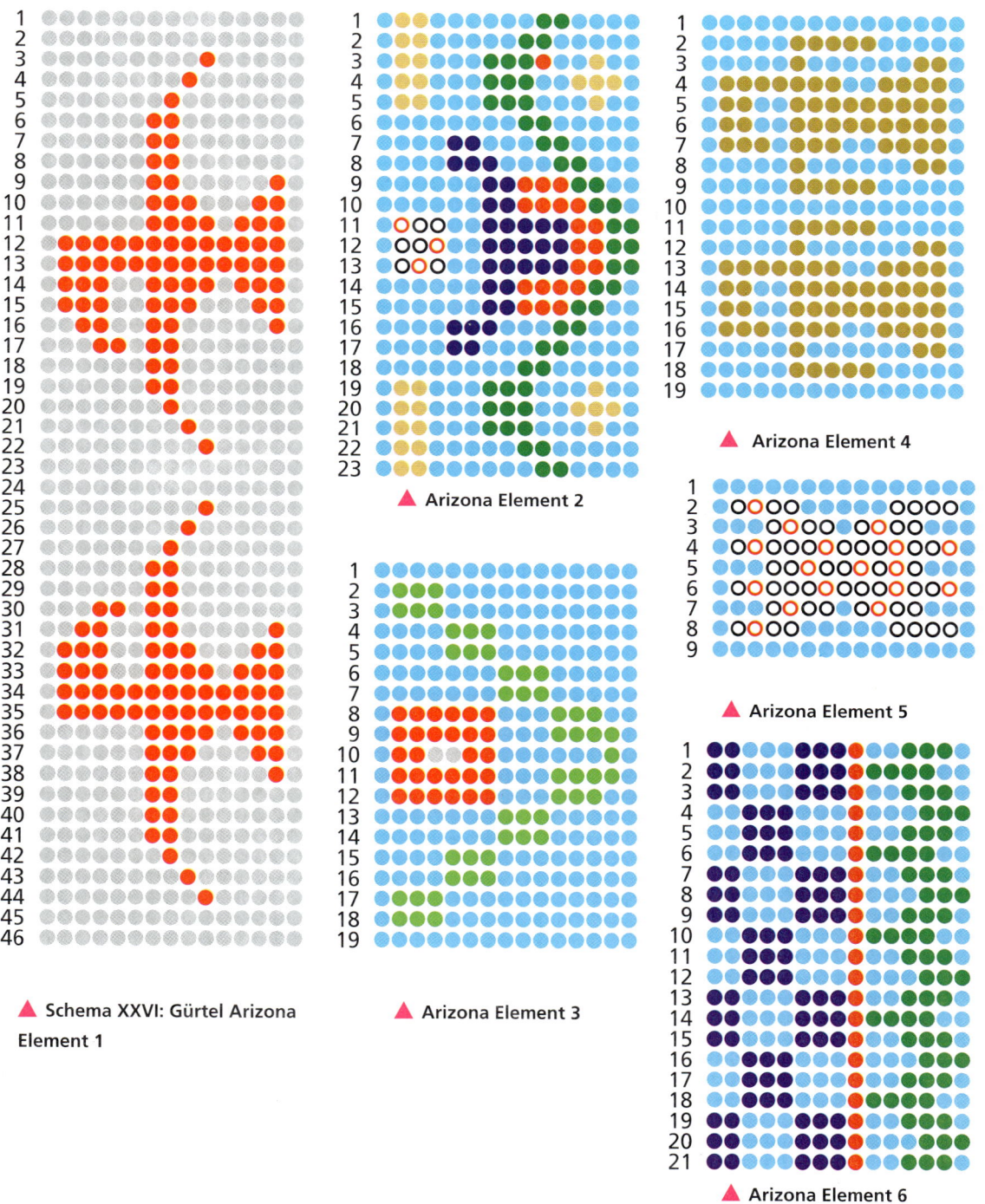

▲ Schema XXVI: Gürtel Arizona Element 1

▲ Arizona Element 2

▲ Arizona Element 3

▲ Arizona Element 4

▲ Arizona Element 5

▲ Arizona Element 6

Bestechend
schön

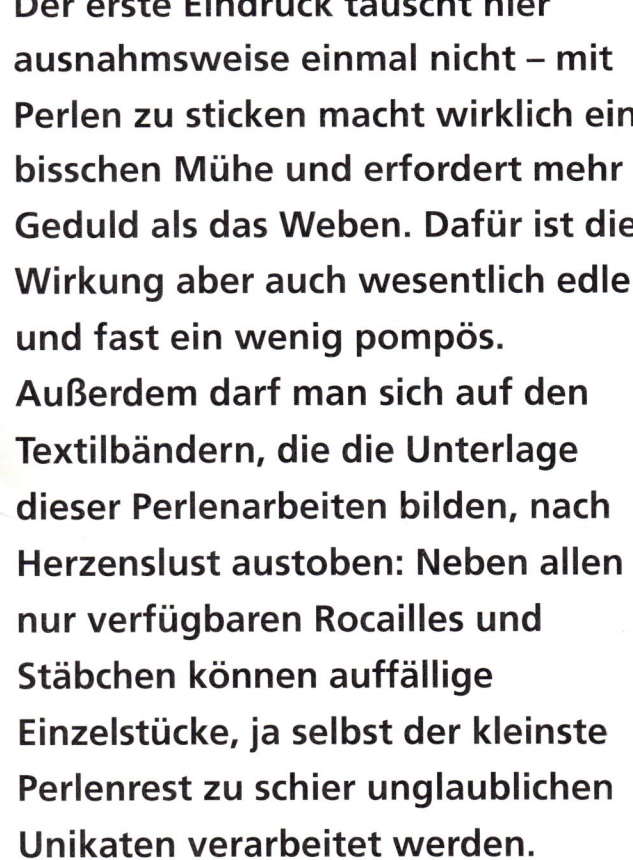

Der erste Eindruck täuscht hier ausnahmsweise einmal nicht – mit Perlen zu sticken macht wirklich ein bisschen Mühe und erfordert mehr Geduld als das Weben. Dafür ist die Wirkung aber auch wesentlich edler und fast ein wenig pompös. Außerdem darf man sich auf den Textilbändern, die die Unterlage dieser Perlenarbeiten bilden, nach Herzenslust austoben: Neben allen nur verfügbaren Rocailles und Stäbchen können auffällige Einzelstücke, ja selbst der kleinste Perlenrest zu schier unglaublichen Unikaten verarbeitet werden.

Stich für Stich

Das Sticken bietet Ihnen von allen Techniken den größten Raum, um Ihre Kreativität auszuschöpfen. Neben grafischer, linearer Anordnung können Sie zum Beispiel malerisch verschlungene Bögen und fein geschwungene Arabesken aufsticken; die Möglichkeiten sind schier unendlich.

Markieren Sie auf dem Band die für Ihr Handgelenk benötigte Länge (etwa 17 bis 18 cm). Spannen Sie das Band in doppelter Länge in den Stickrahmen. Der unbestickte Teil wird später als Futter über die Rückseite des Modells gelegt.

Fädeln Sie ein Stück Nähgarn ein und verknoten Sie es so, dass es doppelt liegt. Nun stechen Sie an einer beliebigen Stelle von unten durch das Band. Fädeln Sie einige Perlen auf.

Legen Sie die aufgefädelte Perlenreihe auf das Band und befestigen Sie sie am Reihenende. Stellen Sie dabei sicher, dass zwischen den Perlen ein wenig „Luft" ist.

Jetzt fixieren Sie jede einzelne Perle auf dem Stoff, indem Sie zwischen zwei Perlen von unten durch den Stoff stechen, den Faden über den Fädelfaden führen und auf der anderen Seite der Reihe wieder einstechen. An dieser Stelle wird deutlich, weshalb die Perlenreihe mit etwas Spielraum befestigt werden musste. Der Faden zwischen den Perlen braucht auch Platz, und sei es nur der Bruchteil eines Millimeters.

Die folgenden Reihen werden auf die gleiche Weise gearbeitet, bis Sie das gesamte Band bestickt haben. Dabei sorgen Sie für Abwechslung, indem Sie die Reihen in verschiedenen Richtungen auslegen. Sie erzielen so eine interessante grafische Wirkung.

Für den Verschluss fädeln Sie an einer Schmalseite eine große Perle auf und befestigen diese mit einer kleinen Abschlussperle. Am anderen Ende des Bandes arbeiten Sie eine Schlaufe aus Perlen. Die Größe der Schlaufe richtet sich nach dem Umfang der Verschlussperle. Auf alle Fälle sollte die Schlaufe so stramm sitzen, dass die Perle nur mit Mühe hindurchpasst. Anderenfalls ist die Gefahr zu groß, dass das Armband von selbst aufgeht. Hierzu noch ein Hinweis: Wenn Sie die Verschlüsse zum ersten Mal öffnen und schließen, sind sie wesentlich strammer als nach mehrmaligem Gebrauch. Bedenken Sie dies bereits beim Anfertigen des Verschlusses.

Haben Sie Ihre Stickerei beendet, nehmen Sie sie vom Rahmen und schneiden das restliche Ripsband ab. Lassen Sie aber an jeder Schmalseite etwa 1,5 cm Stoff, der als Saum umgeschlagen wird.

Bügeln Sie zunächst die Rückseite der Stickerei möglichst plan. Achtung: Wenn Sie mit Nylonfaden gearbeitet haben, können Sie Ihre Stickerei auf keinen Fall bügeln! Auch wenn Sie mit Wachsperlen gearbeitet haben, zum Beispiel am Rand, dürfen diese niemals mit dem heißen Bügeleisen in Berührung kommen, sonst schmilzt ihr Farbüberzug an.

Mein Tipp: Verwenden Sie als Bügelunterlage ein Handtuch oder anderen voluminösen Stoff, den Sie auch noch doppelt legen. Anderenfalls kann auf harter Unterlage das Bügeln auf Grund der unebenen Stickerei mit großen Perlen etwas knifflig werden.

Schneiden Sie nun die Bügeleinlage in der Größe Ihrer Stickerei zu.

Ganz wichtig: Bitte lesen Sie sich vor dem Aufbügeln unbedingt die Anleitung auf der Verpackung des von Ihnen verwendeten Vlieses aufmerksam durch. Es gibt nämlich verschiedene Sorten von Einlagen: Solche, die zunächst zusammen mit dem Schutzpapier aufgebügelt werden, und andere, von denen das Papier erst entfernt werden muss.

Klappen Sie die Zugaben an den Schmalseiten Ihrer Stickerei nach hinten um und legen Sie die zugeschnittene Einlage auf die Rückseite Ihrer Arbeit. Nun klappen Sie die Zugaben des zugeschnittenen, unbestickten Ripsbandes um, bügeln sie ein wenig fest und legen den Streifen gegengleich auf die Einlage.

Anschließend bügeln Sie sorgfältig die beiden Stoffstreifen zusammen, sodass sie fest aneinander haften.

Achtung: Solange Ihre Arbeit vom Bügeln warm ist, können die Stoffstreifen wieder getrennt werden. Lassen Sie sich davon nicht irritieren; sobald die Arbeit ausgekühlt ist, haften die Stofflagen gut aneinander.

Wer keine Bügeleinlage verwenden möchte, kann natürlich auch das Futter an der Stickerei rundherum knappkantig festnähen!

Armbänder für
Glamour-Girls

Die besondere Herausforderung beim kreativen Arbeiten mit Perlen ist, dass man sich nach den vorgegebenen Farben und Formen richten muss. Es ist nicht möglich, wie bei der Malerei seine eigenen Töne anzumischen, sondern man muss sich den Gegebenheiten anpassen. Ha! Für einen kreativen Menschen ist das doch kein Hindernis, sondern eine reizvolle Herausforderung, der eigenen Perlensammlung die größtmögliche Kombinationsvielfalt abzutrotzen!

Hier stelle ich Ihnen eine Kollektion von Bändern vor, die sich durch eine auffällig luxuriöse Optik auszeichnen.

Beginnen wir mit einer kühlen Schönheit, dem Armband „Mar de Plata", zu Deutsch Silbermeer (ganz rechts im Bild). Ich hatte es mir hier zur Aufgabe gemacht, Silberperlen unterschiedlicher Qualitäten und Größen in ruhige, harmonische Form zu bringen. Die Wirkung sollte zwar edel, aber nicht protzig sein. Etwas hanseatisch eben; ich lebe in Hamburg, das erklärt sicher einiges. Da ich im Verlauf der Arbeit aber ausschließlich Silberperlen doch zu eintönig fand, habe ich die Palette durch kühle Farbtöne wie transparentes Eisblau und Mintgrün abgerundet. Die Perlen wurden in grafischen Formen um ein auffälliges Mittelquadrat aus 8 mm großen Wachsperlen angeordnet.

Schon etwas mehr Farbenfreude drückt das darüber abgebildete Armband „Rectangulo" aus. Das bedeutet auf Deutsch Viereck, und woher das Band seinen Namen bekam, sieht man auf den ersten Blick. Auf einem zart getupften Untergrund aus matten Perlen heben sich die glitzernden Vierecke deutlich hervor. Bei einem so durchdachten Motiv lohnt es sich, die Aufteilung auf dem Stoff mit Hilfslinien zu skizzieren. Nachdem die Vierecke aus hellen, schillernden Silverlines gestickt wurden, entstand der Untergrund, indem in unregelmäßigen Abständen gelbe Perlen in die grünen Perlenreihen gesetzt wurden und weiße in die türkisblauen. Ein ergänzendes gestalterisches Element ist die Anordnung der Perlen, die im Mittelteil horizontal zum Band verläuft und an den beiden Endstücken vertikal.

Das Band „Rectangulo" ist durchaus ein Accessoire zu formaler Garderobe. In der gestalterischen Konzeption ist das Armband „Glencheck" (Mitte unten) sogar noch eine Spur konservativer, was aber durch den Silverline- und Metallicglanz der Perlen wieder etwas aufgelöst wird. Es ist in drei Reihen aus elf Karos aufgeteilt, die im Wechsel längs und quer gestreift sind.

Besonders bei diesem Armband muss berücksichtigt werden, das Rocailles im Allgemeinen weniger hoch als breit sind. Deshalb müssen in die Höhe ausgerichtete Reihen aus mehr Perlen bestehen als die, die nebeneinander liegen, um das gleiche Format zu bekommen.

Dieses Armband verdeutlicht sehr schön, dass

Links: „Vienna", Mitte oben: „Lingerie", oben rechts: „Rectangulo", Mitte unten: „Glencheck",
rechts außen: „Mar de Plata"

man einfach durch unterschiedliche Ausrichtung der Perlen eindrucksvolle Muster kreieren kann. Je nachdem, in welche Richtung man die Perlen anordnet, reflektieren sie das Licht auf unterschiedliche Weise (Seite 106, Abb. 1 bis 4). Ein und dasselbe Perlenmodell kann daher gleich in mehreren Nuancen schillern.

Da liegt es nun in seiner ganzen Unschuld, das Armbändchen „Lingerie" (Mitte oben). Gestickt wurde es auf roséfarbenem Satinband von 2,5 cm Breite und erscheint dadurch gleich noch mal so zart. Die mädchenhafte Wirkung spiegelt sich in der Wahl der Perlensorten und Farben wider. Die fragile Anmutung transparenter Rocailles in

zarten Tönen wird vervollkommnet durch das Zusammenspiel kleiner Stäbchen in Silber und Gold sowie weißer und pastellfarbener Wachsoliven und -perlen. Ein wunderbares Accessoir – nicht nur für brave Mädchen.

Darf ich vorstellen, eines meiner absoluten Lieblingsarmbänder: Beim Modell „Vienna" (links) ließ ich mich inspirieren vom Charme des Jugendstils. In verschwenderischer Manier kamen bei dieser Kunstrichtung Glanz, Farben und Formen zum Einsatz. Das habe ich bei meinem Armband umgesetzt, indem ich eine möglichst große Vielfalt ganz unterschiedlicher Perlen miteinander kombiniert habe. Sie durften sowohl in pudrigen Tönen daherkommen als auch in exzentrischen Farben. Sie konnten winzig klein zu Flächen angeordnet sein oder als Einzelstück vorwitzig für sich allein funkeln. Nur eines mussten sie gemeinsam haben: prachtvollen Glanz! Abgerundet habe ich das Design mit besonders schönen Fundstücken aus meiner Perlensammlung sowie mit einem bronzenen Anhänger. Er ist mit einer changierenden Facette-Perle befestigt und zeigt das Antlitz einer Dame in einer für den Jugendstil charakteristischen Linienführung.

Auch wenn Sie vor Beginn der Stickarbeit Ihr Handgelenk gemessen haben, kann es vorkommen, dass das fertige Band nicht gut passt. Es gilt nämlich zu bedenken, dass sich der Stoff beim Sticken etwas verziehen kann und dadurch kürzer wird. Andererseits gewinnt das fertige Produkt durch den Verschluss einiges an Länge. Und wenn Sie mit Ihrer Stickarbeit jemanden überraschen wollen, können Sie ja wohl schlecht vorher Maß nehmen. Nicht verzagen, denn sollte das fertige Band tatsächlich einmal nicht passen, können Sie es noch nachträglich korrigieren. Ist Ihr Band zu kurz geraten, trennen Sie einfach die Ver-

schlussperlen wieder ab und arbeiten einen längeren Steg aus kleinen Perlen oder Stäbchen, bevor Sie sie erneut annähen.

Ein Band zu kürzen ist schon etwas aufwändiger. Schneiden Sie zunächst vorsichtig die Verschlussperle ab. Dann trennen Sie die äußeren Perlenreihen so weit auf, bis die Stickerei die richtige Länge bekommt. Sie müssen jetzt prüfen, ob nicht noch andere Perlenreihen mit dem gelösten Faden gearbeitet wurden, und diese notfalls fixieren. Das ist sehr wichtig, sonst fällt Ihnen nach und nach die Stickerei auseinander! Haben Sie das Band mit Hilfe von Vlieseline kaschiert, ziehen Sie die beiden Stoffschichten im Bereich, wo die Perlen entfernt wurden, sehr behutsam auseinander. Haben Sie das Futter angenäht, trennen Sie die Nähte entlang der jetzt „kahlen" Stelle auf und schlagen die Stoffzugaben nach innen um. Haben Sie zu viel losen Stoff, schneiden Sie ihn etwas ab. Dann befestigen Sie das Futter wieder durch Bügeln oder Nähen. Ist alles gut gelungen, nähen Sie die Verschlussperle wieder an.

Tipp: Haben Sie eine Uhr, deren Band Ihnen nicht mehr gefällt? Befestigen Sie sie auf dem Taftband und sticken Sie ein Perlenmuster drum herum!

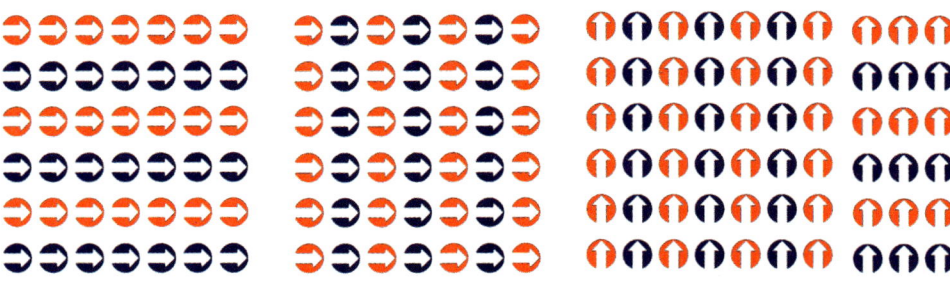

1 Horizontal einheitlich gefädelte Streifen

2 Horizontal abwechselnd gefädelte

3 Vertikal einheitlich gefädelte Streifen

4 Vertikal abwechselnd gefädelte Streifen

106

Kinderstunde

Achtung, Achtung, es folgt ein Kontrastprogramm, wie es krasser kaum sein könnte. Weil ich Ihnen aber eine größtmögliche Bandbreite gestalterischer Spielarten vorstellen möchte, ist das so ganz in Ordnung.

Man könnte tatsächlich annehmen, ich hätte für die „Toyshop"-Armbänder ein Spielwarengeschäft geplündert. Wichtigstes Kriterium bei der Auswahl der Perlen: kein Glanz! Rocailles und Stäbchenperlen in Opak-Ausfertigung sollten es sein, gern auch groß (4,5 mm) und klobig. Die habe ich dann im Komplementär- und Farbe-an-sich-Kontrast kombiniert und angeordnet. Nett sind auch die würfelförmigen Perlen, die wie Miniatur-Bauklötze das ganze Armband zu einer höchst ausgelassenen Angelegenheit werden lassen.

Ein kleiner Tipp: Probieren Sie doch mal aus, wie ein „infantiles" Design aussieht, das nur aus Holzperlen zusammengestellt wurde. Diese gibt es mittlerweile ebenfalls in erfreulich vielen Farben und Formen. Den krönenden Abschluss an solchen Bändern können Dekorationen aus kleinen Holzanhängern bilden.

Diese Armbänder sind sicherlich nichts für den großen Auftritt am Abend. Aber tagsüber sind sie besonders im Sommer zu informeller Freizeitgarderobe ein schöner Akzent.

107

Aus
Wald und Wiese

Florale Motive sind beliebt, sicherlich auch deshalb, weil sie so feminin wirken. Das künstlerische Gestalten mit Perlen bietet hier viele Möglichkeiten. So ist das Armband „Brachland" (unten) einfach in vielen schönen Grün- und Silbertönen gehalten und kommt dabei bestens ohne weitere „Farbtupfer" zur Geltung.

Sie brauchen sich ohnehin nicht allzu sehr anzustrengen, um kleine Blümchen auf Ihren Armbändern blühen zu lassen. Schon einzelne Kugeln sitzen wie Knospen auf grüner Perlenwiese, und Rocailles lassen sich, wie zum Beispiel beim schmalen Armband „Gärtchen" (oben), leicht in abgezählten Reihen zu Blüten anordnen. Wenn Sie erst einmal begonnen haben, sich mit diesem Thema zu beschäftigen, werden Ihnen noch viele andere gute Ideen kommen.

Ein besonders originelles Modell ist das Armband „Beeren" (Mitte). Der Komplementärkontrast aus vornehmlich grünen Rocailles fürs Blattwerk und roten für die Beeren macht es sehr attraktiv. Dazu habe ich unterschiedliche Perlensorten zu „Beeten" angeordnet und abschließend das fertige Band mit einer Ranke aus künstlichen Blättern umsäumt. Diese wird am Rand festgenäht.

Eine ländlich-folkloristische Optik bekommt Ihr Blumenarmband, wenn Sie die Kanten mit kleinen Perlenschlingen verzieren. Das sieht sehr hübsch aus und geht ganz einfach: Fädeln Sie etwa zehn Rocailles auf den Faden und nähen Sie diese Reihe in Form einer Schlinge etwa einen Zentimeter entfernt fest. Bitte ziehen Sie dabei den Faden nicht nur einmal durch den Stoff durch, bevor Sie die nächste Schlinge fädeln, sondern nähen Sie ihn mit einem Extrastich fest. Mit dieser Methode vermeiden Sie, dass sich die Borte verzieht. Und sollte Sie doch mal an einer Stelle reißen, kullern Ihnen nicht gleich sämtliche Perlen davon.

Wer sagt denn, dass Taft nur in Armbandlänge bestickt werden kann? Halsnahe Bänder, wie das Modell „Gärtchen" werden ebenso gearbeitet wie der Armschmuck, nur dass sie wesentlich länger sind. Beim Abmessen des Bandes für ein Kropfband sollten Sie großzügig sein, denn durch das Sticken kann das Band zum Schluss bis zu zwei Zentimeter an Länge einbüßen. Planen Sie das bitte vorher ein! Nicht, dass „Choker", der englische Name für die-

108

se Bänder, zum Programm wird; to choke heißt nämlich übersetzt würgen …

Ein Tipp: Besticken Sie doch ruhig mal ein langes Band, das Sie dann aber nicht um den Hals knöpfen, sondern doppelt als Armband ums Handgelenk schlingen.

Möglicherweise ist Ihr Stickrahmen nicht so groß, dass Sie das Kropfband auf seiner gesamten Länge einspannen können. Das macht nichts. Arbeiten Sie in Etappen. Sie werden merken, dass Sie bei dieser Arbeitsweise auch mal den bereits bestickten Teil zwischen die Holzringe des Rahmens klammern müssen. Seien Sie bitte vorsichtig, um keine Perlen zu zerdrücken oder Fäden zu zerreißen. Drehen Sie die Regulierschraube des Rahmens so weit wie nötig auf und zwängen Sie die fertige Arbeit nicht so kräftig zwischen die Holzringe.

Eine Welt
voller Motive

Designs im Ethno-Look – oftmals gleichen sie sich in den Farben und ihrer Ornamentik so sehr, dass sie gar nicht mehr eindeutig einer Region oder einem bestimmten Kulturkreis zugeordnet werden können. Das liegt sicherlich nicht zuletzt daran, dass die Reiselust unsere Erde in den letzten Jahren hat „schrumpfen" und dabei auch kulturell zusammenrücken lassen.

Wir fliegen rund um den Globus, ohne dabei lange Reisezeiten oder große Unannehmlichkeiten in Kauf nehmen zu müssen. Dabei lernen wir nicht nur die Sitten und Gebräuche anderer Kulturen kennen, sondern auch deren Begriff von Ästhetik und ihre kunsthandwerklichen Fertigkeiten. Da passiert es dann schnell, dass völlig Exotisches einem altbekannt vorkommt.

Bedient man sich bei der Gestaltung aber verschiedener Ornamentiken, stellt man fest, dass dieses globale Stilgemisch keineswegs seinen Ursprung in der Neuzeit hat. Zweifellos hat die Kunst jeder einzelnen Ethnie ihre spezifischen Merkmale, doch gibt es bestimmte, immer wiederkehrende Formen, so zum Beispiel den Kreis, die in allen Kulturen eine ähnliche Symbolik haben. Es ist also nicht weiter tragisch, wenn Ihr Ethno-Armband einen kulturellen Mischmasch aufweist. Für mich habe ich gewisse Regeln aufgestellt, wie ich meinen Armbändern die gewünschte Exotik-Anmutung verleihe. Zu Beginn lege ich fest, welche Farben mit einer bestimmten Region assoziiert werden. Das kann basieren auf traditioneller Kleidung (Mexiko), Bodenschätzen (Afrika) oder auch Gewürzen (Indien). Nach diesen Überlegungen schaffe ich auf dem Band Konturen, indem ich passende Perlen in geschwungenen Linien kreuz und quer auf dem Stoff festnähe (Abb. 1). Die so entstandenen Felder fülle ich dann auf, entweder unifarben oder in gewagten Mischungen. Beispielhaft zeige ich Ihnen hier einige meiner Ideen (Seite 111 oben). „Maghreb" (oben links) besticht durch das typische Blau der Tuareg-Nomaden in Kombination mit Rot- und Brauntönen der Wüste Sahara und Silber als Edelmetall.

Rechts im Bild liegt das Armband „Bangalore" in den warmen Farbtönen der unglaublichen Gewürzvielfalt des indischen Subkontinents.

Zuunterst ist das Modell „Afrika", in dem Holz, aber auch goldfarbene und diamantartig funkelnde Perlen die Bodenschätze des Kontinents symbolisieren. Afrikanisch anmutende Farben runden das Stillleben ab.

Dem Armband „Accra" (Seite 111 unten) ist nicht auf den ersten Blick anzusehen, dass es sich um ein afrikanisch geprägtes Modell handelt. Allerdings nicht unter dem ethnologischen,

110

sondern unter dem politischen Aspekt. Gestaltet wurde es in den Farben Rot, Gelb und Grün, die in streng grafischen, durch schwarze Linien abgeteilten Feldern aufgestickt wurden. Sie symbolisieren das Blut der Freiheitskämpfer (Rot), die Schätze des Bodens (Gelb) und die Schätze der Vegetation (Grün). Sie sind in vielen Nationalflaggen afrikanischer Staaten zu finden, so auch in der Ghanas, nach dessen Hauptstadt ich das Armband benannt habe.

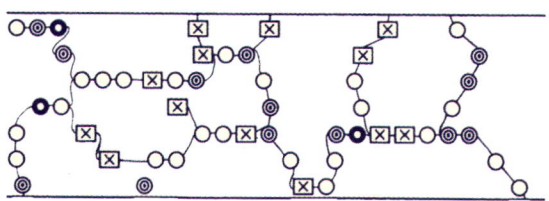

1 Die farbliche „Kartografie" des Armbandes wird zunächst in geschwungenen Perlenlinien auf dem Armband festgenäht und dann mit den passenden Perlen aufgefüllt.

111

Pulsschmeichler

Das ist doch jetzt wirklich mal ein schrilles Teil! Dieses Armband entgeht keinem Blick, und das soll es ja auch gar nicht.

Die Idee ist so einfach wie wirkungsvoll. Sie sticken wie gehabt ein Armband. Weil dessen Kanten später sowieso vom Flor überdeckt werden, können Sie hier auf ein ausgefeiltes Design verzichten. Ich habe einfach ganz unterschiedliche, zum Teil stark kontrastierende Perlen in schnurgeraden Reihen nebeneinander angelegt. Denn, seien wir mal ehrlich, durch den auffälligen Rand achten sowieso nur wahre Kenner auch auf die Stickerei. Wenn es Ihnen aber um die schönen Perlen Leid tut, bringen Sie die Boa nicht direkt an der Seite an, sondern am äußeren rückwärtigen Rand. So ragt der Flaum weniger ins Perlendekor hinein.

Als „Caress" fertig war, wurde an den Kanten ein Stück Boa angenäht. Ich habe mich für Gelb entschieden, weil es mich an trüben Tagen sonnig stimmt. Es gibt solche Boas aber auch in vielen weiteren Farben im Kurzwarengeschäft.

So richtig verzickt wirkt das „Caress" dann in Pink. Zuerst markieren Sie auf einem Stück Taftband von 4 cm Breite einen Abschnitt von ebenfalls 4 cm und erhalten so ein Quadrat. Für die Brosche werden die Perlen darauf strahlenförmig von der Mitte aus zu den Rändern hin gestickt. Sind Sie fertig, wird ein Stück pinkfarbene Boa drum herum festgenäht.

Um sich diese mondäne Brosche an Ihre jetzt sicherlich stolz geschwellte Brust zu stecken, befestigen Sie auf der Rückseite eine selbstklebende Broschenmechanik.

Geschüttelt,
nicht gerührt

Wie verwegen ein Armband durch ein Stück Federboa wirkt, davon konnten Sie sich ja schon auf der vorhergehenden Seite überzeugen.

Durch eine Bordüre bekommt ein Armband immer eine spezielle Note. Der Handel bietet hierfür allerlei fertige Produkte an: Mit zarter Spitze umranden Sie ein romantisches Motiv aus Wachsperlen, Brokatbänder geben einer üppigen Stickerei einen barocken Touch. Mit Zackenlitze in klaren Farben ziehen Sie Linien um Designs in rein bunten Tönen. Ein amüsantes Detail bildet auch eine Quaste, die nonchalant an einer Armbandecke angebracht ist.

Halten Sie also die Augen offen! Einzige Richtlinie für Variationen sollte sein, dass die Bordüre – ob harmonierend oder kontrastierend – zum Design passt und dieses nicht zu sehr verdeckt. Das Armband „Shake" (unten) trägt seinen Namen zu Recht, denn die langen Fransen der Gardinenborte fliegen bei der kleinsten Handbewegung munter hin und her. Damit der Effekt nicht überstrapaziert wird, habe ich sie lediglich an einer Schmal- und Längsseite befestigt. Dadurch ist es der Trägerin möglich, das Armband so umzubinden, dass die Fransen über den Handrücken fließen.

Karriere eines
Jeanshemdes

Ob Haute Couture oder Prêt-à-porter – seit einiger Zeit sind Perlen und Pailletten aus vielen Kollektionen nicht mehr wegzudenken. Auf Kleidung gestickt, feiern die üppig verzierten Stoffstücke ihr glanzvolles Comeback in der internationalen Modewelt.

Zumeist industriell, aber bei Stücken großer Designer wie Christian Lacroix oder Dolce & Gabbana oft auch wieder Stich für Stich in Handarbeit, werden feine Gewebe wie Seide oder robuste Stoffe wie Denim über und über glitzernd herausgeputzt. Je aufwändiger, desto teurer, das ist klar.

Wenn Sie nun anhand der vorangegangenen Stickanleitungen beachtenswerte Accessoires anfertigen konnten, wird es Ihnen auch nicht mehr schwer fallen, Textilien zu ebensoviel Glamour zu verhelfen, die denen der Profis in nichts nachstehen werden.

Wählen Sie insbesondere für Ihre ersten Arbeiten auf Kleidung feste Stoffe, bei denen kleine Verletzungen der Webfäden nicht weiter schlimm sind und deren Gewebe nicht so leicht einreißt. Außerdem sollte der Stoff sehr formbeständig sein und sich nicht durchs Einspannen in den Stickrahmen verziehen.

Bedenken Sie vor dem Entwerfen Ihrer Stickerei, dass größere Mengen Perlen über ein beachtliches Eigengewicht verfügen. Wenn Sie also zu viele Perlen an einer einzigen Stelle verarbeiten, kann deren Gewicht das Kleidungsstück dort herunterziehen und die gesamte Linie deformieren. Balancieren Sie daher Ihr Design mengenmäßig gut aus. Vorsicht ist auch bei dünnen Stoffen geboten, bei denen die Gewebefäden durch das Gewicht der Perlen reißen könnten. Ein Kleidungsstück mit von Hand aufgenähten Perlen ist immer ein bisschen empfindlicher als in seinem Originalzustand.

Stickereien auf Stoff sollten stets hinterfüttert werden, denn das schützt sie zusätzlich. Anderen falls könnten die Fäden durch Abrieb brüchig werden und reißen oder Sie könnten daran hinterhaken. Perfekt runden Sie Ihre Stickerei natürlich durch Futter aus einem schönen Stoff ab, mit dem Sie sie kaschieren. Muss es aber einmal ganz schnell gehen, können Sie auch einfach Vlies von links gegen die Arbeit bügeln und so die Fäden darunter „festkleben". Dieses Verfahren sollte natürlich nur an den Stellen angewandt werden, die später beim Tragen nicht sichtbar werden.

Zur Stickerei auf Kleidung brachte mich ein Jeanshemd älteren Datums, das bereits seit einiger Zeit unbeachtet in der hintersten Schrankecke hing. Es konnte ganz gut etwas Glanz und Glitter vertragen. Doch es flächendeckend wie die Armbänder zu besticken, wäre mir dann doch zu langwierig gewesen. So entschied ich mich dafür, Akzente zu setzen und nur den Kragen, die Patten der Taschen sowie die Manschetten dicht an dicht mit Perlen zu besetzen.

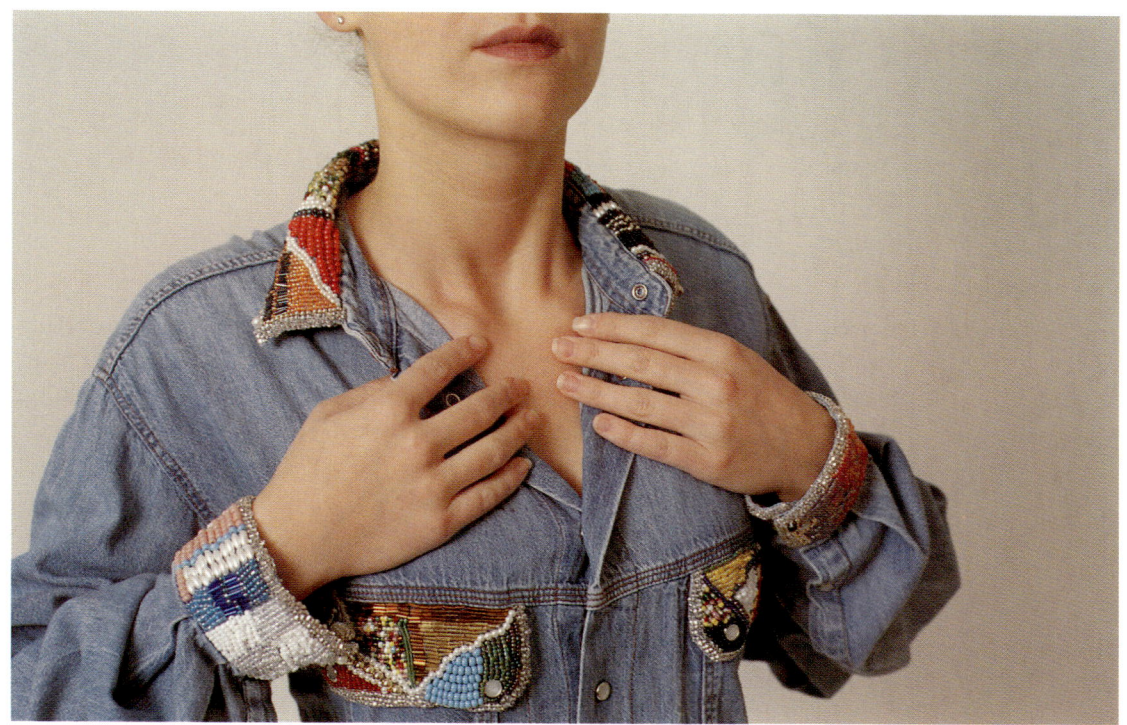

Die Technik ist die gleiche wie bei den Armbändern. Allerdings mit dem Unterschied, dass der Stoff an den genannten Stellen zwei- bis dreilagig liegt und somit eine feste Arbeitsfläche bietet, die nicht noch zusätzlich in den Stickrahmen gespannt zu werden braucht. Es ist aber darauf zu achten, den Stoff beim Arbeiten möglichst plan zu halten und ihn durch die Stickerei nicht zu verziehen.

An diesen dreilagigen Stellen wird nur die oberste Schicht bestickt. Das spart zum einen viel Mühe, da die feine Perlennadel nicht durch dicke Stofflagen gebohrt werden muss, wodurch sie sich leicht einmal verbiegen oder brechen könnte. Zum anderen entfällt auf diese Weise das Hinterfüttern Ihrer Stickerei.

Der recht neutrale Jeansstoff bietet eine hervorragende Grundlage für alle möglichen Farbzusammenstellungen und Designs. Sie können auf allen ausgewählten Flächen dasselbe Muster arbeiten oder auf jedem Segment eine andere Kombination ausprobieren.

Ich habe zum Beispiel auf der einen Manschette gelüsterte Rocailles zu einem regenbogenartigen Farbverlauf angelegt. Zur harmonischen Abfolge der Töne können Sie im Kapitel „Die Welt der Farben" (Seite 18f.) einiges erfahren. Zur Jeansmode passend wurde der Kragen in Farben des indianischen Kunsthandwerks bestickt. Bei dieser Arbeit spiegelt die Farbwahl die vorhandenen Bodenschätze, vornehmlich Silber und Türkis, wider. Um die Stickereien gestalterisch zusammenzuhalten, wurden alle Kanten bis zur Absteppnaht mit zwei Reihen funkelnder „Diamanten", also transparenter Silverlines, eingefasst.

115

Edles Flickwerk

Es ist ja geradezu ein Naturgesetz, dass die Lieblingsjeans als Erstes dran glauben muss; durch häufiges Tragen wird das Gewebe strapaziert, es kommt zu Rissen und Löchern. Für die Perlenstickerin ist das jedoch kein Grund zur Traurigkeit, sondern eine willkommene Herausforderung an ihre Kreativität! Dass mit allerlei Putzwerk bearbeitete Jeans topaktuell sind, könnte dazu führen, dass selbst nagelneue, völlig intakte Hosen von der Perlenflut überschwemmt werden.

Die illustre Verwandlung meiner Jeans begann mit einem Riss knapp unter dem Knie. Einem gewöhnlichen Flicken hätte man seine Funktion sofort angesehen, ein perlenbesetztes Stück Ripsband hingegen wurde zum prunkvollen Akzent. Angefertigt habe ich den „Flicken" wie ein besticktes Armband, nur dass die Arbeit anschließend nicht kaschiert werden musste, sondern einfach über dem Riss auf der Hose festgenäht wurde.

Mich hat die widersprüchliche Kombination aus robustem Jeansstoff und verspielten Glitzersteinchen sofort verzaubert, und so setzte ich gleich noch ein paar zusätzliche „Irrlichter"

drauf. Die Seitennähte wurden mit Strasssteinen in Rubinrot besetzt, die Reißverschlussklappe säumt ein funkelndes Perlen- und Strass-Potpourri. Die Kanten der Eingrifftaschen habe ich mit einer pinkfarbenen Federboa verziert, aus deren Flaum einige bunte Großperlen blitzen. Wenn Sie Kleidung mit Perlen besetzen, müssen Sie neben den gestalterischen Aspekten immer auch an die Tragbarkeit und nach Möglichkeit sogar an die Bequemlichkeit denken. Bei einer Hose ist es beispielsweise nicht ratsam, die hinteren Taschen zu besticken, weil Sie die Perlen in Ihr „Derrière" drücken würden, sobald Sie sich hinsetzen. Auch würden Perlen und Garn dadurch größerer Belastung ausgesetzt sein. Gut geeignet sind die Seitennähte, der Bund und die vorderen Eingrifftaschen.

Egal, wie Sie Ihre Jeans verschönern, achten Sie in jedem Fall auf besonders reißfestes Nähgarn. Diese robusten Hosen sind zum unkomplizierten Wohlfühlen gedacht und sollten jede Bewegung bequem mitmachen können. Dieselben Anforderungen müssen Sie auch an Ihre Stickerei stellen, denn es wäre doch zu schade, wenn Ihnen auf einmal die Perlen vom Bein perlen …

Ausgefranst

Perlenfransen sind die ideale Zierde, sobald ein Rock von „schlicht" zu „langweilig" zu mutieren droht. Wie lang die Fransen werden, wie dicht Sie sie setzen und welche Perlenarten und -farben Sie verwenden, all das bleibt ganz Ihrem Geschmack überlassen. Allerdings sollten Sie einige Dinge beachten, um möglichst lange Freude an Ihrer Arbeit zu haben.

Wählen Sie für einen Fransensaum möglichst schmale und gerade Röcke. An weiten, schwingenden Säumen reihen sich die Fransen nicht nebeneinander, weil es merkwürdig aussieht. Und sehr viel Arbeit machen sie noch dazu!

Die Länge der Fransen sollten Sie nach der Rocklänge bestimmen. Dabei sind kurze Röcke unproblematisch, da sie sich sowohl für kurze wie für lange Fransen eignen. Lange Röcke sollten Sie vor dem Verzieren nach gestalterischen wie nach praktischen Aspekten betrachten. Meistens sehen kurze Fransen daran nicht nur besser aus, sondern schränken den Tragekomfort weniger ein. Das gilt auch für die Abstände zwischen den Fransen. Bei langen Röcken sollten

diese größer sein als bei kurzen, wo sie schon mal dicht an dicht vom Saum baumeln dürfen. Ich habe mich bei dem vorgestellten Modell mit Farben zurückgehalten. Der Rock könnte schlichter nicht sein, und auch die Fransen habe ich aus Perlen gearbeitet, die nur leicht metallisch glänzen. Einzige Ausnahme sind die dicken, goldenen Abschlussperlen in Tropfenform. Meine Fransen sind rund 20 cm lang, was ich als absolutes Limit empfehlen würde.

Fädeln Sie einen Faden ein und verknoten Sie ihn doppelt. Da Sie für Fransen sehr viel Garn verbrauchen, bemessen Sie den Faden großzügig, um Ihre Arbeit nicht ständig fürs Einfädeln unterbrechen zu müssen. Stechen Sie mit der Nadel einmal auf der Innenseite des Rocksaums durch den Stoff und stellen Sie sicher, dass der Faden fest hält. Dann fädeln Sie die Perlen auf, bis Ihre Franse die gewünschte Länge hat.

Nun führen Sie die Nadel durch die gesamte Perlenreihe wieder zurück zum Saum. Dabei dient die zuletzt aufgefädelte Perle als Stopper, sodass hier die Nadel kein zweites Mal durchgeführt wird. Die fertige Franse nähen Sie mit einem kleinen Extrastich nochmals am Saum fest, bevor Sie etwa einen Zentimeter weiter durch den Stoff stechen, um dort die nächste Franse zu arbeiten. Auf diese Weise arbeiten Sie einmal rundherum eine Bordüre. Wenn Sie mögen, können Sie die Fransen auch schlaufenförmig oder schlaufenförmig versetzt anlegen, das sieht ebenfalls sehr hübsch aus.

Bei der Wahl der Perlen sollten Sie bedenken, dass Perlen mit scharfen Kanten leicht an Ihren Strümpfen hängen bleiben und diese sogar ein-

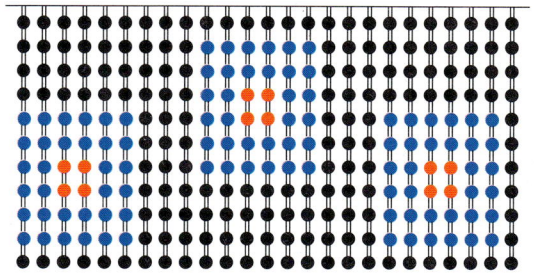

❶ Bei Fransenmotiven muss besonders akkurat gearbeitet werden, damit das Motiv gut sichtbar ist.

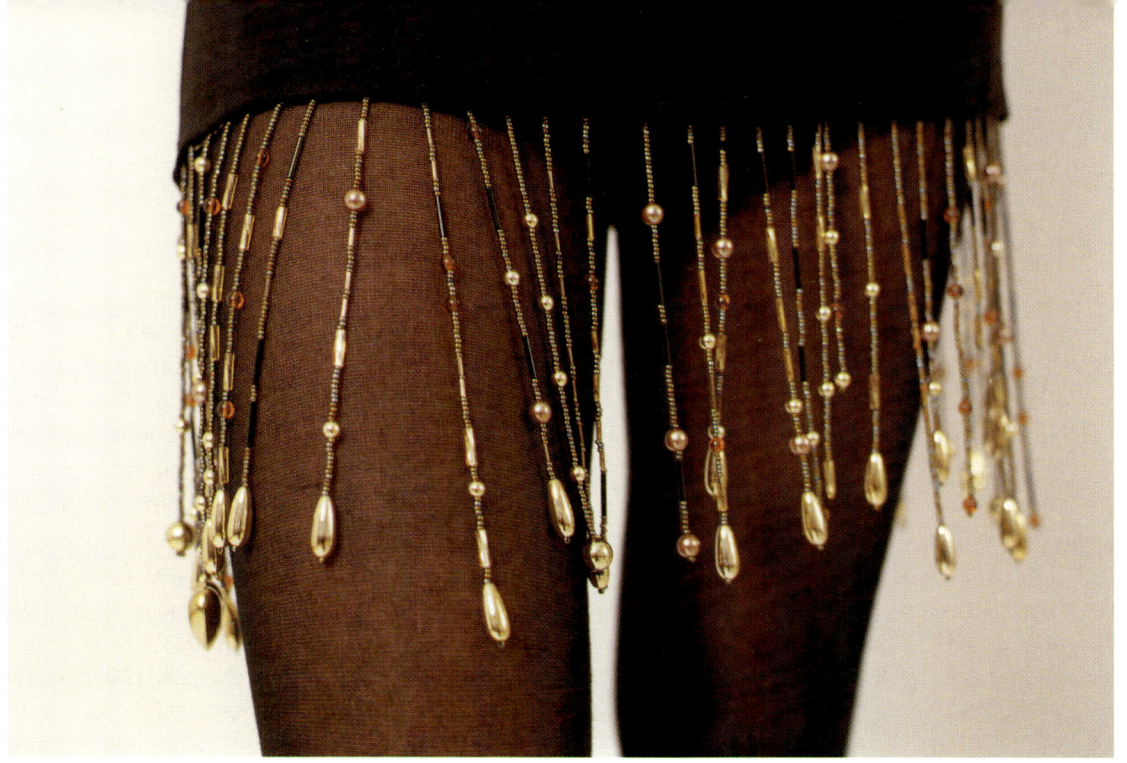

reißen könnten. Bevorzugen Sie also rund geschliffene Sorten. Reihen aus kleinen Perlen sind flexibler und fallen dadurch lockerer, was eine schöne Optik bietet. Um die Franse dann aber gut hängen zu lassen, empfiehlt sich eine etwas dickere, schwerere Abschlussperle.

Beim Auffädeln von Fransen können Sie sich auf Perlen in einigen wenigen Farben oder auch in nur einem einzigen Ton beschränken und diese dann regelmäßig in gleich bleibender Anzahl auffädeln. Es kann aber auch sehr reizvoll sein, viele verschiedene Perlensorten und -farben zu verwenden und Fransen unterschiedlicher Länge zusammenzustellen.

Je nach gestalterischem Geschick können Sie auch richtige kleine Bilder mit den Fransen kreieren, indem Sie sie in bestimmter Abfolge auffädeln und dann völlig parallel und akkurat festnähen. Damit das Motiv deutlich zu erkennen ist, sollten die Fransen möglichst dicht nebeneinander angebracht werden (Abb. 1).

Und hier der verbraucherfreundliche Expertentipp: Arbeiten Sie die Fransen nicht direkt an den Rock, sondern nähen Sie sie entsprechend der Saumweite an einem Ripsband fest. Anschließend steppen Sie das Fransenband von innen am Rocksaum fest.

Diese Vorgehensweise hat mehrere Vorteile: Das Ripsband ist aus sehr festem Stoff, der auch langen, schweren Fransen genug Widerstand bietet. Dadurch verhindern Sie, dass sich Ihr Rocksaum unter dem Perlengewicht auswellt. Wollen Sie den Rock unbefranst in seiner schlichten Form zu einem entsprechenden Anlass tragen? Kein Problem, die Fransenleiste ist schnell wieder abgetrennt.

Wenn Sie das Kleidungsstück eines Tages ausrangieren müssen, können Sie die Fransenleiste an einem anderen Teil verwenden. Auch sind die Reinigung und die Pflege eines Kleidungsstücks mit einer abnehmbaren Fransenleiste natürlich wesentlich einfacher.

119

Nichts ist **Jacke** wie Hose

Bislang habe ich Ihnen Modelle vorgestellt, die in der gleichen Technik bestickt wurden wie die Armbänder. Es entstanden freie Verläufe, bei denen praktisch mit Nadel, Faden und Perlen „gemalt" wurde. Bei dieser Arbeitsweise ist es schwer, konkrete Motive mit geraden Linien oder gar grafische Formen zu sticken.

Wollen Sie nun ein bestimmtes Muster, ein klar erkennbares Bild aus Perlen sticken oder vielleicht nur mal eine völlig andere Anmutung ausprobieren, können Sie wie bei der Kreuzstickerei Stich für Stich die gewünschten Darstellungen konstruieren. Die Wirkung ist zwar nicht so künstlerisch und malerisch wie bei der freien Stickerei, doch können so Kreationen mit einem ganz eigenen Charme entstehen.

Damit die Abstände zwischen den Perlen auch exakt gleich werden, arbeiten Sie am besten auf Aida-Stoff. Das ist ein für die Kreuzstickerei gefertigter Stoff, dessen Struktur sehr grob ist. Diese entsteht durch die regelmäßige, kreuzweise Anordnung von Fadensträngen, zwischen denen kleine, gut sichtbare Lücken bleiben. An diesen Lücken, die immer ein Quadrat bilden, können Sie sich bei der Stickerei orientieren und so Ihr Muster abzählen.

Welche Kästchengröße Sie wählen, hängt vom Durchmesser Ihrer Perlen und von Ihrer Entscheidung ab, ob Sie die Perlen ganz dicht oder mit etwas Abstand setzen wollen. Aida-Stoff gibt es in mehreren Farben, sodass Sie für Ihre Arbeit einen passenden Untergrund wählen können und nicht gezwungen sind, die gesamte Fläche mit Perlen zu bedecken. Bei dieser Art der Perlenstickerei ist auch immer das Garn ein bisschen zu sehen, orientieren Sie sich deswegen bei der Farbwahl am Untergrund des Kleidungsstücks und nicht etwa an dem der Perlen!

Zum Sticken spannen Sie den Stoff fadengerade in einen Rahmen. Nun führen Sie die Nadel mit dem eingefädelten Garn von unten nach oben durch eine der kleinen Lücken. Fädeln Sie eine Perle auf und stechen Sie mit der Nadel in die sich schräg rechts oben befindliche Lücke. Wenn Sie nun den Faden anziehen, ist die Perle festgenäht. Für die nächste Perle führen Sie die Nadel von unten in die nun unterhalb liegende Lücke, fädeln eine Perle auf und befestigen sie wie oben beschrieben. So erarbeiten Sie Perle für Perle das gesamte Muster. Achten Sie darauf, immer nur in eine Richtung zu arbeiten, in unserem Beispiel bedeutet das eine Fadenführung von links unten nach rechts oben (Seite 122, Abb. 1), wobei die Perle jeweils im rechten Winkel dazu zu liegen kommt.

Bei der Stickerei für die Jeansjacke ließ ich mich von der Mode der „Halbstarken" inspirieren, die auf dem Rücken ihrer Rocker-Jacken die Zu-

gehörigkeit zu bestimmten Gruppen kundtaten. Da war eine „tätowierte" Rose samt Schriftzug das adäquate Motiv. Gearbeitet habe ich sie auf Aida-Stoff in Dunkelgrün, der einen idealen Untergrund für das florale Motiv bot. Abschließend wurde der Stoff entsprechend dem mittleren Rückenteil einer klassischen Jeansjacke zugeschnitten und festgesteppt. Eine auffällige Bordüre in Rot und Gold rundet das Bild ab.

Diese Art der Stickerei ist ebenfalls hervorragend geeignet, um antik wirkende Täschchen und Etuis anzufertigen. Besonders hübsch sieht es aus, wenn Sie im Stil der Gobelin-Stickerei nicht nur das Motiv, sondern auch den Hintergrund aus Perlen gestalten. Wollen Sie das Täschchen gleich aus dem Aida-Stoff nähen, brauchen Sie nur noch ein farblich passendes Futter. Sie können die Stickerei aber auch auf eine fertige Tasche nähen.

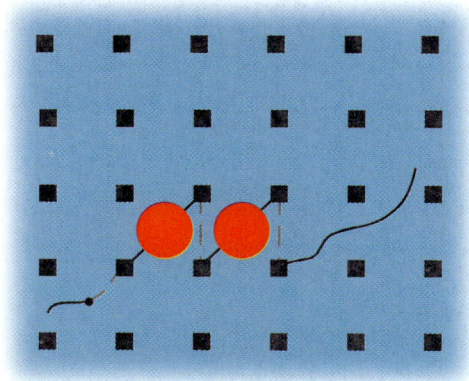

1 Bei der Stickerei auf Aida-Stoff ist es wichtig, in einer einheitlichen Richtung zu arbeiten (hier von links unten nach rechts oben). Die Perle liegt in einem rechten Winkel zur Fadenführung.

▲ Schema XXVII: Schriftzug Rose Tatoo

Farbliches Schema Rose Tatoo ▶

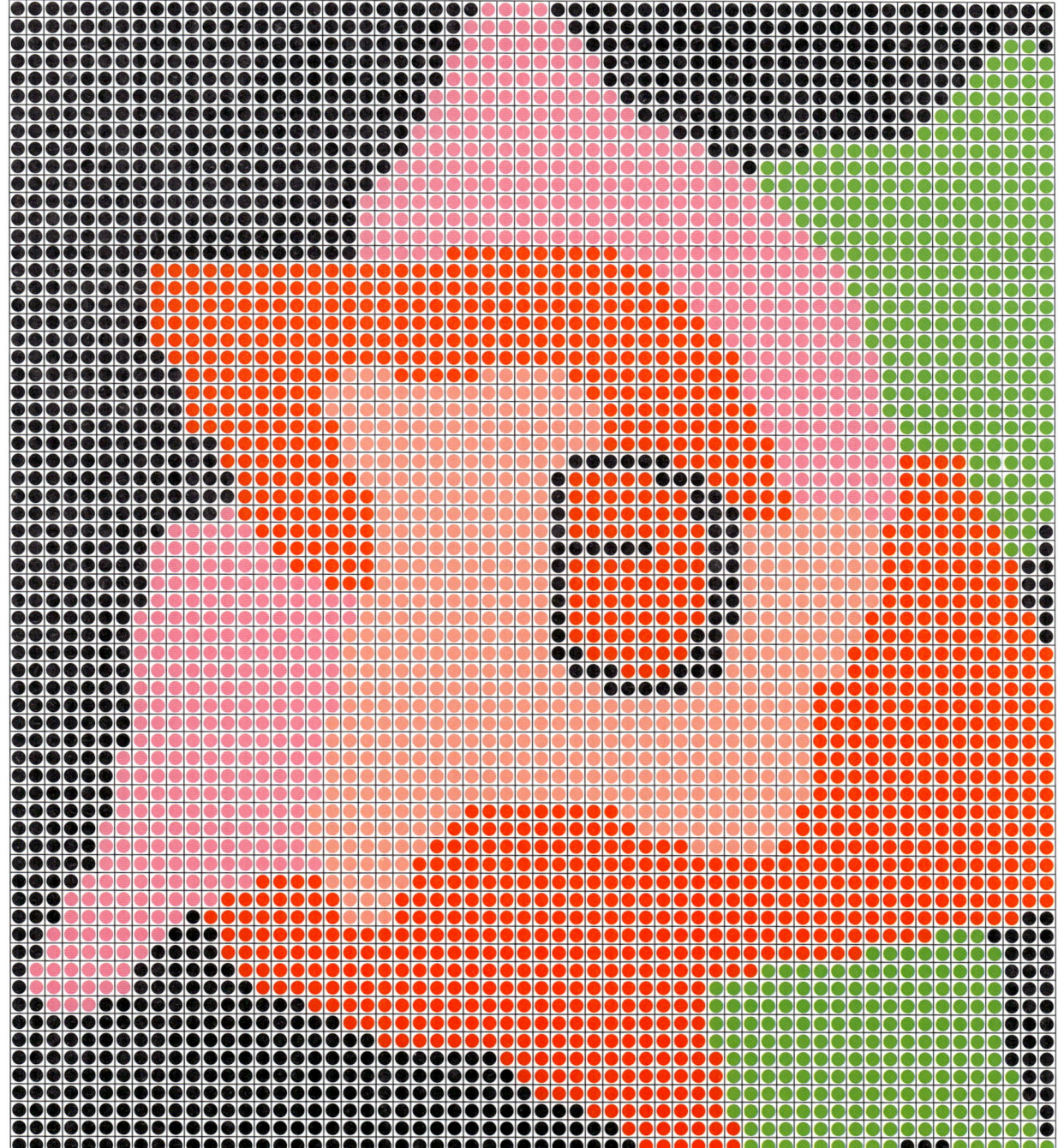

123

Auf den Flügeln der Liebe

Gestickte Broschen sind viel kleiner als Armbänder, aber trotzdem stehen sie künstlerisch ihren „großen Vorbildern" in nichts nach. Im Gegenteil, auf kleinstem Format kann man hier schon aus wenigen Perlen stimmungsvolle Stillleben und Stickbilder entstehen lassen, wie die wunderschöne Brosche „Para Rosa" (unten).
Zeichnen Sie die von Ihnen gewünschte Broschenform auf Stoff vor. Spannen Sie diesen dann in den Stickrahmen. Sticken Sie die vorgezeichnete Form nach Geschmack aus. Schneiden Sie die Stickerei mit einer Nahtzugabe von etwa 5 mm aus und bügeln Sie diese nach hinten um. Bügeln Sie Stickereien mit großen Perlen und die mit kleinen Röschen aus Aluminium ganz knappkantig, um die Stücke nicht zu beschädigen. In derselben Größe zuzüglich der Nahtzugabe schneiden Sie das Futter zu, das sie von links gegen die Stickarbeit nähen und diese so kaschieren. Zum Schluss kleben Sie eine Broschennadel auf die Rückseite.
Bei den Broschen „Loveletter" und „Beflügelt!" wurde die Perlenarbeit mit einigen Stichen an den goldfarbenen Pappflügelchen angenäht.

... denn das Motiv liegt doch so nah!

Ihnen sind die Ideen ausgegangen? Das kann gar nicht sein, das ganze Leben besteht aus herrlichen Motiven! Man muss nur einen Blick dafür entwickeln und sie als solche erkennen!

In den vorhergehenden Kapiteln habe ich Sie bereits auf das eine oder andere Design fremder Kulturen und Länder aufmerksam gemacht und dabei nur einen winzigen Bruchteil der Möglichkeiten aufzeigen können. Motive aus der Tier- und Pflanzenwelt sind gleichfalls „befruchtend". Die Eigenheiten verschiedener Kunstepochen können immer wieder neu beleuchtet und interpretiert werden.

Scheuen Sie sich auch nicht, Themen zu abstrahieren. Die zwölf Sternzeichen müssen Sie nicht zwangsläufig als kleine Fische, Steinböcke, Löwen und so weiter sticken. Überlegen Sie sich, oder lesen Sie es bei Bedarf nach, welche Eigenschaften man den einzelnen Zeichen zuschreibt und in welchen Farben diese ausgedrückt werden könnten. Ihre fünf Sinne gebrauchen Sie nicht nur zum Auffinden von Motiven, sondern Sie setzen sie auch gleich als solche ein. „Sehen" – klar, viele ganz bunte Farben. „Tasten" – Kontraste mit glatten und rauen Perlen. Und wie setzen Sie Hören, Schmecken und Riechen um? Ein spannendes Thema!

Ich habe auf den Haarspangen die vier Elemente darzustellen versucht. Zu meinem Verständnis dieses Themas hätte es keinesfalls gepasst, Feuer, Wasser, Luft und Erde in brav angeordnete

Reihen und Felder zu pressen. Als Naturgewalten sollten die Spangen vor Perlen bersten! So habe ich mich lediglich hinsichtlich der Farben festgelegt: Gelb und Rot für Feuer, Blau und Grün für Wasser, Weiß und Transparent für Luft sowie Braun für Erde.

Um jede (An-)Ordnung der Perlen auszuschließen, habe ich mir im Vorwege einen „Perlencocktail" zubereitet. Dafür wurden von allen ausgewählten Sorten und Farbtönen einige Stück in ein Schälchen geschüttet und gut gemischt. Beim Sticken griff ich einfach blind in die Schale und fädelte nach dem Zufallsprinzip die Perlen auf, die mir in die Finger gerieten.

125

Bezugsquellen

Die Modelle in diesem Buch wurden meistenteils aus Perlen und Zubehör der Firmen Prandell und Knorr angefertigt. Einen Händlernachweis erhalten Sie bei

Prandell & Knorr Hobby
Creative Hobbies GmbH
Bamberger Strasse 21
96215 Lichtenfels
Tel.: 0 95 71/79 30
Fax: 0 95 71/79 33 64
E-Mail: creative@creative-hobbies.de
www.creative-hobbies.de

Wegen der atemberaubenden Vielfalt auch handgearbeiteter Einzelstücke und des tollsten Zubehörs lohnt bei Gelegenheit ein Besuch – und sei es nur der Homepage – bei:

General Bead
637 Minna St
San Francisco, CA94103, USA
Tel.: 00 14 15/62 18 18 7
Fax: 00 14 15/62 10 52 9
www.genbead.com

Für die Fotoproduktion stellte aus ihrem umfangreichen Sortiment das Deko-Material dankenswerterweise zur Verfügung:

Rayher Hobby GmbH
Postfach 1462
88464 Laupheim
Tel.: 0 73 92/70 05 0
Fax: 0 73 92/70 05 38

E-Mail: info@rayher-hobby.de
www.rayher-hobby.de

Schöne Anregungen zum Arbeiten mit Perlen können Sie sich unter anderem in den folgenden Büchern holen:
S. Paine: Bestickte Textilien aus fünf Kontinenten. Verlag Paul Haupt, Bern/Stuttgart 1991
J. Gillow, N. Barnard: Traditionelle indische Textilien. Verlag Paul Haupt, Bern/Stuttgart 1991
Der große Bildatlas Indianer. Orbis Verlag, München 1994
R. Kreissl: Art as Tradition. Kunst als Tradition. Anatolia. Hirmer Verlag, München 1995
M. Courtney-Clarke: Ndebele. Frederking & Thaler, München 1995
L. Sherr Dubin: Alle Perlen dieser Welt. Du Mont, Köln 1997
C. Jenkins: Glasperlen. Verlag Paul Haupt, Bern/Stuttgart 1999
E. Biggs, T. Hunkin: Mosaik. Verlag Georg D. W. Callway, München 2000

Wenn Sie es wünschen, können Sie mit der Autorin auch direkt in Kontakt treten:

Renata Green
Voicemail & Fax: 0 40/36 03 57 48 30
E-Mail: renatagreenham@aol.com
http://hometown.aol.com/renatagreenham

Register

Danksagung

Mimi und Jarka haben mich
bei der Produktion dieses Buches großartig unterstützt;
die Zusammenarbeit mit Hanna und Andreas
war fruchtbar, interessant und sehr unterhaltsam.
Ich danke euch!

Bildnachweis

Foto S. 9: AKG Berlin
Fotos S. 10–13, 17, 21 mit feundlicher Genehmigung durch
Creative Hobbies GmbH, Knorr + Prandell, Lichtenfels
alle weiteren Fotos inklusive Umschlagfotos: Andreas Bock, Hamburg

Impressum

© 2001 Mosaik Verlag München
in der Verlagsgruppe Bertelsmann GmbH / 5 4 3 2 1

Redaktion und Produktion: Büro Norbert Pautner, München
Projektleitung: Hanna Forster
Umschlaggestaltung: Heinz Kraxenberger
Reproduktionen: Fotolito Varesco, I-Auer
Druck und Bindung: Neografia s. a.
Printed in Slovakia

ISBN 3-576-11546-3